Arnold
Mettnitzer

Couch & Altar

Erfahrungen
aus Psychotherapie
und Seelsorge

:STYRIA

*Allen gewidmet, durch deren Vertrauen
ich meinen Weg finden konnte und gehen darf,
allen voran meinem Lehrer Erwin Ringel
und Jutta mit unserem Patenkind Samuel.*

*Einsam ist man immer. Aber zu zweit ist man
ein bisschen weniger einsam.*

Magda Schneider zu Pfarrer Christian Bley
am Schluss der 5. Szene in Peter Turrinis Theaterstück
Tod und Teufel

Inhalt

Vorwort

Glaube denen, die die Wahrheit suchen
und zweifle an denen, die sie gefunden haben!

André Guillaume Gide (1869–1951)
Nobelpreis für Literatur 1947

Psychotherapie und Seelsorge gehören seit der Antike zusammen. Sie sind zwei ungleiche Geschwister. Der Seelsorger als der in die Jahre gekommene „ältere Bruder" mag für sich den Vorzug der längeren Erfahrung in Anspruch nehmen. Die Psychotherapie als die „jüngere Schwester" versucht mit größerem Charme die vergessenen Dimensionen menschlicher Grundbedürfnisse wieder zugänglich zu machen. Beide scheinen sie immer wieder von „Profilierungsneurose" und „Geschwisterrivalität" bedroht zu sein. Faktum ist: Sie gehören zusammen, wissen aber nicht, was sie miteinander anfangen sollten; keinesfalls will der Bruder mit der Schwester und noch weniger die Schwester mit dem Bruder verwechselt werden. Die letzten 100 Jahre standen mit seltenen Ausnahmen ganz im Dienst dieser Unterscheidung und gegenseitigen Abgrenzung; nicht selten wurde daraus Ausgrenzung unter gegenseitiger Verdächtigung. Seelsorger und Seelsorgerinnen hegen den Verdacht, „Selbstverwirklichung" und sonstige emanzipatorische Bemühungen stünden dem Impuls des Evangeliums im Wege, sich selbst zu vergessen, um das wahre Leben zu gewinnen (vgl. Mt 10,39). Therapeutinnen und Therapeuten werden, wenn ihre Patienten von Gott zu reden beginnen, den Verdacht nicht los, es handle sich um eine Gängelung von außen bis hin zur autoritären Zerstörung der menschlichen Person. „Gott" erscheint ihnen eher als „Götze" denn als verlässliche Orientierungshilfe. Diese eifrig auf beiden Seiten betriebene Grenzziehung wird letztlich auf Kosten suchender und leidender Menschen ausgetragen. Therapeuten machen um das Thema des religiösen Lebens und Erlebens oft einen weiten Bogen. Fragen und Überlegungen zu diesem Thema werden nicht ernsthaft erwogen. Religiöse Emotionen könnten wesentliche Kräfte zur Bewältigung des Alltags freilegen und Heilungsprozesse fördern. Wenn diese aber als „nicht relevanter Privatbereich" von therapeutischer Konsultation ausgespart bleiben, muss der Behandlungserfolg darunter leiden.

Auch im Umfeld der Seelsorge gibt es durchaus Vergleichbares. Die immer noch feststellbare Skepsis dem Körperlichen gegenüber und der grundsätzliche Verdacht, dass die Psychotherapie dem Menschen eine gefährliche Freiheit ermögliche, lässt so manchen Kanzelredner gegen das wettern, was er nur vom Hörensagen kennt und von dessen heilsamer Wirkung er aus grundsätzlicher Skepsis und mangelnder Erfahrung keine Vorstellung haben kann. Selbsterfahrung (und erst recht die auf der Couch und in therapeutischen Gesprächen) ist bis zum heutigen Tag in der pastoralen Ausbildung eine Rarität und wenn, dann eher unter Schwierigkeiten möglich. Und so konnte und kann Seelsorgern bei offensichtlich großer seelischer Not kaum in den Sinn kommen, ihren Gläubigen therapeutische Hilfe zu empfehlen.

Allen diesen Beobachtungen zum Trotz gehören Psychotherapie und Seelsorge seit der Antike zusammen. Sie erscheinen als zwei Seiten einer Medaille, als zwei Saiten eines Instruments. Dieses Instrument, das auf beiden Seiten mit großer Sorgfalt gewartet und gepflegt werden will, ist das nicht bewertende, verständnisvolle und aufmunternde Wort in der Intimität heilender Begegnung. Davon ist die Psychotherapie wie auch die Seelsorge in die Pflicht genommen. Bei der Betonung des Gemeinsamen sollen die Unterschiede nicht übersehen werden; weil aber gerade diese in den vergangenen hundert Jahren immer wieder, das Gemeinsame und Verbindende dagegen kaum Beachtung fanden, ist es an der Zeit, einem angstfreien und gegenseitig befruchtenden Miteinander die Aufmerksamkeit zu schenken. Das biblische Wort „Ich bin gekommen, dass sie Leben haben – ja es haben überreich"[1] könnte der Psychotherapie wie der Seelsorge als Leitgedanke dienen. Beide Berufsfelder müssten daran gemessen werden, ob sie den Menschen in größere Freiheit oder in größere Abhängigkeit führen. Paulus schreibt an die Korinther: „Es ist ja nicht so, dass wir über euren Glauben Herr sein wollen. Nein: Werkgenossen sind wir an eurer Freude!"[2]

Am 10. Oktober 1978 wurde ich in Rom zum katholischen Priester geweiht. Nach fast auf den Tag genau 30 Jahren meiner seelsorglichen und daraus gewachsenen therapeutischen Tätigkeit stelle ich nun dieses Buch in den Dienst des gemeinsamen Anliegens von Psychotherapie und Seelsorge in der Hoffnung, damit zu einem unerschrockenen und fruchtbaren Miteinander beitragen zu können.

Einleitung

In Georg Grabers *Sagen und Märchen aus Kärnten*, einer der umfangreichsten Sammlungen regionaler Volkssagen im europäischen Raum, findet sich eine kurze „Legende" mit dem Titel *Platschiken-Platschaken*:[3]

In Maria-Wörth wurde der große Frauentag gefeiert. Schiffe kamen von allen Seiten herangefahren und brachten Andächtige aus nah und fern, die an dem Umgang teilnehmen wollten. Nur ein armer Halterbub drüben in Pritschitz musste zu Hause bleiben und die Kühe hüten, da er weder Schuhe noch Kleider besaß, um an dem Feste teilnehmen zu können. Traurig stand er auf der Weide und sah hin nach Maria-Wörth. Er sah schon die Prozession ziehen und hörte das Beten der Menge, das zu ihm herklang wie „Platschiken-Platschaken". Der Bub fühlte große Sehnsucht, auch hin zur Mutter Gottes zu kommen. Er eilte zum See, faltete in inniger Andacht die Hände und, das Geräusch des herklingenden Gebetes nachahmend, schritt er aus und ging hin über das Wasser. In Maria-Wörth sahen Pfarrer und Andächtige das Kind über den See herkommen. Sie eilten zum Ufer, um das Wunder in der Nähe zu sehen. Da hörten sie zu ihrem Erstaunen, wie das Kind in inniger Andacht „Platschiken-Platschaken" sagte. „Kind", sprach der Pfarrer, „was sagst du da? Das ist ja kein Gebet. So betet man nicht." Und er lehrte ihn die Worte eines Gebetes. „Jetzt, mein Kind, kehre zurück und sprich, was du von mir gelernt." Folgsam ging der Knabe wieder auf das Wasser und sprach das gelernte Gebet. Bald darauf war er in den Wellen verschwunden.

Seit einigen Jahren kenne ich diese Geschichte. Je öfter ich sie lese, umso kostbarer erscheint sie mir. Mit wenigen Worten erzählt sie ein atemberaubendes, außergewöhnliches Ereignis. Auf der einen Seite rund um die majestätisch über dem Wörthersee liegende Kirche eine feierliche Prozession als gesellschaftlicher Höhepunkt des Jahres, auf der anderen Seite, am Ufer in Pritschitz, eine Kuhweide und ein ärmlich gekleideter, barfüßiger Halterbub mit seinen Kühen …

Menschen „aus nah und fern" zur Prozession zusammengekommen, ergeben in ihren schönsten Festtagskleidern ein prächtiges Farb- und Klangbild weit über den See hinweg. An der Spitze des Zuges der Kreuzträger, dahinter die Blaskapelle, die Feuerwehr und der Kameradschaftsbund, dann die Goldhaubenfrauen, die Bänderhutfrauen, die örtlichen Vereine, dahinter die Kinder und Jugendlichen, der Verein der Jungfrauen mit der Jungfrauenfahne und dem Bildnis der Jungfrau Maria gefolgt von den Erstkommunionkindern und Ministranten, dann der von vier Männern getragene Himmel, darunter der Pfarrer in liturgischen Gewändern mit der goldenen Monstranz die Menge segnend, hinter ihm der Chor, dann die Männer und die Frauen. Dieses mächtige Aufgebot der ganzen Gesellschaft in herrlichen Gewändern als barockes Abbild kirchlicher Hierarchie[4] lässt den barfüßigen Halterbuben noch ärmlicher erscheinen.

Der Pfarrer dieses festlichen Zuges ist durch den „Himmel" über ihm und das kostbare liturgische Gerät in seinen Händen als der tragende Mittelpunkt des ganzen Geschehens gut auszumachen. Er ist der Mächtige, das Sinnbild des Allmächtigen, ohne sein Wort geschieht hier nichts. Und so muss ihm das Ereignis des über den See kommenden Knaben eher gestört als gewundert haben, eine Gegenveranstaltung sozusagen, die trotz des feierlichen Aufwandes herüben die Blicke aller nach drüben zieht. Und als der Knabe näher kommt und der Pfarrer ihn hören kann, greift er ein. „Was sagst du da? Das ist ja kein Gebet. So betet man nicht." Wenn einer weiß, wie man betet, dann ist es der Pfarrer.

Sein Trachten geht dahin, das Außerordentliche einzuordnen, das, was ist, in das umzudirigieren, wie es sein sollte. Wunder sind hier nicht willkommen. Gott bewahre uns vor dem Unvorhergesehenen, vor dem Lebendigen, vor dem Leben, das

– wie John Lennon gemeint hat – passiert, während wir andere Pläne schmieden! Der Pfarrer hätte sich ja auch – vielleicht ein wenig beschämt – eingestehen können, dass es ihm als Experten in diesen Dingen noch nie möglich gewesen war, auch nur annähernd so innig zu beten wie dieser Halterbub. Die Grenze seiner Gelehrsamkeit hätte ihm angesichts dieses Erlebnisses bewusst werden können. Im Grunde hatte ein einfacher und ärmlich gekleideter Bub allen vorexerziert, wie eine betende Prozession funktioniert. Das aber anzuerkennen und für die staunende Menge zu übersetzen, vermochte der Pfarrer dann doch nicht. Es blieb ihm nur die Trumpfkarte seines Wissens, wie ein Gebet zu klingen habe. In der Folge ist die Unterbrechung aufgehoben, der Störenfried beseitigt und die Prozession kann weiterziehen …

Wir wissen nicht, wie in einer solchen Situation der Wanderprediger aus Galiläa gehandelt hätte. Aber das Studium seiner vielen Begegnungsgeschichten legt die Vermutung nahe, dass das Schicksal des Buben ein anderes gewesen wäre. Jesus aus Nazareth hätte dieses Kind nicht ins Wasser geschickt, sondern „ankommen" lassen, willkommen geheißen; er hätte zuallererst mit den anderen dankbar gestaunt über das, was sie hier erleben; er hätte den Ankommenden nicht belehrt, sondern ihn den anderen als Beispiel hingestellt, in welcher Haltung Beten Wunder wirken und unter Menschen Außerordentliches bewirken kann.

Das Rollenbild des Pfarrers in dieser Legende kann für das berufliche Selbstverständnis eines Seelsorgers, einer Seelsorgerin, eines Therapeuten, einer Therapeutin hilfreich sein. Aber die Geschichte wäre zu schnell verstanden, würden wir im Pfarrer dieser Geschichte den kirchlichen Seelsorger allein erkennen und im Therapeuten und der Therapeutin die wohltuende Alternative vermuten. Die beiden Berufe so gegeneinander auszuspielen wäre dumm und schürte nur noch mehr Vorurteile. Es gibt wunderbare kirchliche Seelsorgerinnen und Seelsorger, ohne deren Wegbegleitung das Leben vieler Menschen um vieles ärmer wäre, und das Gleiche kann man von Therapeutinnen und Therapeuten behaupten. Aber in helfenden Berufen geraten wir immer wieder und sehr leicht in die „Rolle des Vorstehers einer Prozession", während die uns Anvertrauten als „armselige und barfüßige Halterbuben" erscheinen mögen. Wer hat als Patient im Krankenhaus noch nicht gestaunt über die allmächtige Prozession einer Chefvisite, die in der beeindruckenden Schar von Pflegern, Krankenschwestern, Turnusärzten, Assistenzärzten, stationsführenden Oberärzten bis hin zu Primaria und Primarius an ihm/ihr vorbeigezogen sind und dem Befund und der Fieberkurve mehr Beachtung schenkten als dem Befinden des Patienten. Die klinisch sauberen, architektonisch aus dem Stadtbild ragenden Gesundheitstempel erscheinen nicht selten als augenfälliges Gegenbild zu ihrer Umgebung wie der Prunk einer barocken Wallfahrtskirche sich abheben mag von grasenden Kühen auf einer Weide. Die von oben herab belehrende Grundhaltung, nennen wir es die „pfäffische Attitüde", gibt es in der Medizin und in der Psychotherapie genauso wie im kirchlichen Raum. Wo man sie antrifft, erstickt das Leben und geht unter wie der Bub in den Wellen des Wörthersees. Das Außergewöhnliche, das Lebendige, das Wunder des Lebens und aller seiner Rätsel ist durch Ritus und Wissen allein nicht zu begleiten.

Seelisches Leid könnte entweder vermieden werden oder einer leichteren Therapie zugänglich sein, wenn sich das Verständnis von Heil und Heilung, von Psychotherapie und Religion, in einem harmonischeren Verhältnis befände als es derzeit in unserer Kultur und Gesellschaft der Fall zu sein scheint. Diese von Eugen Drewermann beim ersten Weltkongress für Psychotherapie in Wien 1996 geäußerte Vermutung und seine Begründung dafür hatte in Worte gefasst, was seit Jahren meiner tiefsten Überzeugung entsprach. Mein Einsatz in der Seelsorge seit dreißig Jahren und erst recht meine Arbeit in der im April 1996 eröffneten eigenen therapeutischen Praxis waren und sind beseelt von dem Versuch, zu diesem harmonischeren

Verhältnis etwas beizutragen. Daraus erklärt sich auch der Mut, dieses Buch zu schreiben, das nichts anderes sein will als mein therapeutisch-seelsorgliches Credo, gewachsen aus den Erfahrungen vieler Begegnungen im kirchlichen Raum und in der eigenen therapeutischen Praxis.

Als Seelsorger und Therapeut erfahre ich es beinahe täglich, dass die sprachliche Parallele („Psychotherapie" ist das griechische Wort für „Seelsorge") zu Recht besteht. Wenn im Folgenden diese Gemeinsamkeiten in vier Punkten zusammengefasst werden, dann sollen damit nicht die zum Teil erheblichen Unterschiede zugedeckt, sondern das Gemeinsame vor das Trennende gestellt sein:

1. Beiden Bereichen liegt ein „sokratisch-jesuanischer Optimismus" zugrunde. Er geht davon aus, dass die Wahrheit eines Menschen in seinem Inneren zu entdecken ist; sie wird ihm nicht von außen „hinein-gesagt", sie kann aus ihm „herausgearbeitet" werden. Voraussetzung dafür ist gegenseitiges Vertrauen und vorurteilsfreie Akzeptanz. Hilfe wird nicht durch Belehrung (von außen nach innen), sondern durch Hebammendienste (von innen nach außen)!

2. Psychotherapie und Seelsorge könnten in ihrer jeweiligen Arbeit einen „pragmatischen Individualismus" entdecken, wonach es sich lohnt, einem einzigen Menschen tage-, wochen-, monate- und jahrelang zuzuhören und Aufmerksamkeit zu schenken, so lange, bis sich artikulieren lässt, woran die Seele leidet. Aber das „sich Herauswagen" aus dem hintersten Winkel seiner Existenz, in den sich ein Mensch aus Furcht vor dem Bloßgestelltwerden so leicht verkriecht, bedarf einer großen Geduld, die ohne das Wagnis der Liebe in der Spannung von Nähe und Distanz nicht möglich sein wird.

3. Beiden gemeinsam könnte ein „methodischer Immoralismus" sein, der seinen Ausgangspunkt in der Überzeugung hat, dass die Wahrheit des Menschen sich nicht moralisch beschreiben lässt. Normen und Regeln der Gesellschaft mögen (nicht nur im Straßenverkehr) wichtig sein. Wenn es aber um die Lin-

derung konkreter Not geht, sind Vorschriften nicht hilfreich, weil sie bestenfalls die Symptome der Not eines Menschen spiegeln.

4. Durch die Berücksichtigung der „Dimension des Unbewussten" auch in der Seelsorge könnten menschliche Handlungen und Entscheidungen besser verstanden und gedeutet werden. Oder umgekehrt: Wo das Unbewusste bewusst übergangen wird, kann menschliches Handeln überhaupt nicht begriffen werden.

Wenn auch getrennt voneinander vollzogen, könnten Psychotherapie und Seelsorge im Wissen umeinander „Anwalt und Hebamme des Lebendigen" sein. Was sie dazu bräuchten, wäre in erster Linie mehr Interesse aneinander und weniger Angst voreinander. Darüber hinaus steht der betende Knabe von Maria-Wörth als Beispiel für beide Seiten, wie im besten Sinne des Wortes „not-wendend" es ist und bleibt, sich ständig weiterzubilden und von dem lernen zu wollen, was Menschen durch ihr Vertrauen täglich offenbaren und was das Leben, wenn wir es denn kennen lernen wollen, an Wundern und Überraschungen bereithält.

PST! Einladung zur Stille oder Abkürzung für „Psychotherapie!"
Werner Hofmeister, 1999, „Entwurf eines Teppichs für das Vorzimmer eines österreichischen Psychotherapeuten", 150 x 90 cm

„Offene Weite. Nichts Heiliges."
Walter Melcher, Agosto 1990, 160 x 140 cm, Öl auf Leinwand

Kirchen – Orte der Kraft, Rastplätze für die Seele.
Lydia Roppolt, St. Konrad, 4. 11. 1987, Aquarell 70 x 50 cm

Lydia Roppolt

1. Couch & Altar

Die Couch ist zum Inbegriff der Psychoanalyse geworden. Seit Sigmund Freud seine Patienten eingeladen hat, auf seinem Sofa liegend in frei assoziierender Weise ihre inneren Gedanken und Gefühle mitzuteilen, kann in dieser Methode der Ursprung psychotherapeutischer Behandlung gesehen werden. Darüber hinaus aber wird die „Couch" in diesem Buch als Synonym für das ärztliche und therapeutische Behandlungszimmer verstanden, wo seelisches und körperliches Leiden aufgespürt und zu lindern oder zu heilen versucht wird; die Couch benennt somit die Heimstätte der psycho-somatischen Dimension des Menschen.

Seit jeher ist der Altar die Mitte eines geweihten Raumes und repräsentiert die im Heiligtum verehrte Gottheit. Der Altar markiert seit den Anfängen der Menschheit den Ort des Opferns, des Bittens und Betens, des Rufens und Klagens in aller Not. Der Ausdruck „Altar" versteht sich daher in diesem Buch als Synonym für die sichtbar gemachte Sehnsucht des Menschen nach Schutz und Hilfe und umschreibt damit alle Bereiche, die der spirituellen Dimension des Menschen zuzurechnen sind.

Couch und Altar erscheinen so als Asylstätten des menschlichen Leides, Orte der Sehnsucht des Menschen und seiner tiefsten Not. Beide gehören sie seit der Antike zusammen.

Auf der Insel Kos befindet sich das älteste Krankenhaus der Welt, das von Hippokrates gegründete Asklepieion. Die Ruinen des riesigen Komplexes mit Tempeln, Behandlungszimmern und Altar können bis heute besichtigt werden. Die architektonischen Reste einer großen Vergangenheit belegen dort eindrucksvoll, dass der Tempel und das Behandlungszimmer, dass Couch und Altar sich nicht ausschließen, sondern im Dienst an hilfesuchenden Menschen einander ergänzen.

„Zuerst heile mit dem Wort, dann durch die Arznei und zuletzt mit dem Messer", so lautet das Ethos des Kult- und Heilgottes Asklepios als Leitmotiv antiker Heilkunst: 400 Jahre vor Christus war es der Sohn der Mondgöttin und des sonnenklaren Apoll, ein göttliches Geschöpf aus Tag und Nacht, das im Heiligtum von Epidauros die Träume der Nacht in Botschaften für den Tag verwandelte.

In der griechischen Mythologie wird Asklepios als Gott der Heilkunst präsentiert. In Homers *Ilias*[5] begegnet er uns als Mensch, als „unvergleichlicher Arzt", der seinen Dienst vor den Toren Trojas verrichtet. Die Tradition der Antike schildert uns somit den Heiler als gott-menschliches Wesen.

Dargestellt wurde Asklepios meist als bärtiger Mann mit Lorbeer, gestützt auf einen Stab, der von einer Natter umschlungen wird. Dieser Asklepiosstab wurde zum Symbol der Heilkunde. Verehrt wurde der Gott der Heilkunst vor allem in Epidauros, deshalb wird er auch „Epidaurius" genannt, ferner in Athen, Knidos, Kos, Naupaktos, Pergamon und Sikyon. Hähne, Nachteulen und Schlangen wurden ihm in seinen Tempeln geopfert. Asklepios beherrschte das Deuten der Träume, die Chirurgie und die Kräuterkunde, mit der er in der Lage war, sogar einen Toten wieder zum Leben zu erwecken. Der eifersüchtige Göttervater Zeus fürchtete ob dieses Erfolgs, dass bald kein Mensch mehr sterben würde und tötete Asklepios durch einen Blitz.

Sigmund Freud betont bereits 1890 in einer seiner frühen Schriften,[6] dass die Ärzte von jeher, in alten Zeiten noch viel ausgiebiger als heute, in diesem ganzheitlichen Sinne „Seelenbehandlung" ausgeübt hätten und dadurch beim Kranken „die der Heilung günstigsten seelischen Zustände und Bedingungen" hervorzurufen vermochten. Diese Art ärztlicher Behandlung ist die geschichtlich älteste, kennt nicht nur den Behandlungsraum, sondern auch und zuerst den Tempel als wesentlichen Bereich von Diagnose und Heilung. Ärztliche Heilkunst kommt so betrachtet direkt aus den Händen der Priester. Die im Tempel angewandten Zauberformeln, Reinigungsbäder,

Orakelträume und ihre Deutung können nur in dieser engen Verbindung von Priester und Arzt verstanden werden wie auch das Ansehen der Persönlichkeit des Arztes, das sich direkt von der göttlichen Macht ableitete.

Mens sana in corpore sano

Für die Antike ist die Sorge um die Gesundheit des Menschen ein „ganzheitliches Unterfangen", das auch die Sorge um die spirituelle Dimension mit einschließt. Wird heute im Zusammenhang von ärztlicher und therapeutischer Heilkunst die spirituelle Dimension zur Sprache gebracht, kommt nicht selten Verlegenheit auf – bis hin zum Vergessen oder bewussten Ausklammern des Spirituellen aus der medizinischen Behandlung. Decimus Junius Juvenalis[7] übte rund um Christi Geburt in seinen Satiren gnadenlose, aber sprachlich und stilistisch brillant geschliffene Kritik an den Zuständen im Alten Rom. Aus seinen Werken stammen viele uns lieb gewordene Redewendungen wie „Panem et circenses – Brot und Spiele" oder der Satz „Mens sana in corpore sano – in einem gesunden Körper ein gesunder Geist". Wie so oft bei geflügelten Worten ist im Lauf der Zeit der Zusammenhang vergessen und die Aussage verfälscht worden. Vor Jahren hatte in Österreich eine politische Partei den Satz „nur in einem gesunden Körper wohnt auch ein gesunder Geist" öffentlich plakatiert. Die Aufforderung zu ausschließlich körperlicher Ertüchtigung ist aber gerade das Gegenteil dessen, worum es Juvenal ging.[8] Lesen wir den Text im richtigen Kontext, klingt der Gedanke nicht nur ganz anders, sondern führt in die leicht zu vergessende, deswegen aber nicht weniger wichtige spirituelle Dimension: Juvenal geht in seiner 10. Satire der Frage nach, ob es sich lohne, zu den Göttern zu beten und sie um etwas zu bitten; er gibt seinen Lesern den Rat, beim Beten um nichts Konkretes zu bitten und die Gottheiten selbst abwägen zu lassen, was für die Menschen gut und ihrem Leben dienlich wäre. Statt des Angenehmen, um das die Menschen in der Regel zu beten gewohnt seien, würden die Götter ihnen nämlich das Geeignetste schenken, denn der Mensch läge den Göttern mehr am Herzen als der Mensch sich selbst. Und dann sagt Juvenal: „Solltest du dennoch etwas verlangen und den Heiligtümern Eingeweide geloben und gottgeweihte Würstchen vom weißen Schwein, so musst du beten um einen gesunden Verstand in einem gesunden Körper."[9]

Nach Juvenal will der gesunde Verstand also eher erbeten als durch Leistung erarbeitet werden, er ist nicht das Ergebnis von körperlicher Tüchtigkeit, sondern die Frucht aus dem Eingeständnis unserer Hilfsbedürftigkeit. „Beten" heißt im Lateinischen „orare", abgeleitet von „os", der Mund. Wörtlich kann man „orare" übersetzen mit „den Mund auftun" und zur Sprache bringen, was im Innersten des Menschen vor sich geht. Erst wenn der Mensch zu reden beginnt, erst wenn er sich im Vertrauen öffnet, bekommt seine Persönlichkeit Kontur. Im Mitteilen, im Anteilgeben und miteinander Teilen von Angst und Freude erlebt der Mensch sich als Gemeinschaftswesen: Im Beten, im Bitten, im sich helfen Lassen, im Eingeständnis ihrer Hilfsbedürftigkeit rücken Menschen einander näher und verstehen dadurch besser, wer sie getrennt voneinander sind. Die moderne Gehirnforschung jedenfalls belegt eindrucksvoll, dass das Prinzip Menschlichkeit unsere Grundanlage darstellt und wir von Natur aus in dieser Weise auf Kooperation angelegt sind.[10] Körperliche Ertüchtigung und die mit eigenen Kräften zu leistende Sorge um die Gesundheit ist die eine Seite. Erst ergänzt durch die spirituelle Dimension, die darum weiß, dass wir Hilfsbedürftige und auf Hilfe Angewiesene bleiben, wird der Mensch „ganz". Der älteste biblische Beleg einer so verstandenen „ganzheitlichen" Betrachtungsweise findet sich im Buch Genesis: „Als aber Abram neunundneunzig Jahre war, ließ Er von Abram sich sehen und sprach zu ihm: Ich bin der Gewaltige Gott. Geh einher vor meinem Antlitz! Sei ganz!" (Gen 17, 1).[11]

Zuerst heile mit dem Wort

Das erste Medikament des Menschen ist das Wort, durch das er seine Bedürftigkeit zur Sprache bringen kann. Die Grundäußerungen dieses „Wortes" sind Bitte und Danke. Es ist kein wesentlicher Unterschied, ob dieses Wort im intimen Gespräch unter Vertrauten, in der therapeutischen Praxis oder im Tempel beim Gottesdienst aus dem Mund des Menschen kommt. Immer wird es geschehen vor allem aus dem Bedürfnis, Klage zu führen und um „Bitte" oder „Danke" zu sagen. Wenn eine so verstandene Dimension des „Betens" auf den verschiedenen Ebenen des Alltags verstummt, wird auch die Sprache im Behandlungszimmer darunter zu leiden haben. Ohne Bitte und Danke wird aus der Kur die Dressur und aus dem heilenden Wort das Kommando.

Dass das Miteinander von Couch und Altar in Vergessenheit geraten konnte, hat wohl auch damit zu tun, das im Lauf der Zeit die Heilkraft des Wortes entwertet, Arznei und Messer aber überbewertet wurden. Die moderne ärztliche Heilkunst hat aus dem Wort ein Bollwerk von Kraftausdrücken gemacht, das niemanden heilt und nur von Fachleuten verstanden wird. Auch die Psychotherapie und die Seelsorge sind vor dieser Gefahr nicht gefeit. Ihr Vokabular ist schwer zu begreifen. Statt durch Sprache ergriffen zu werden, wird um Begriffe gerungen, die je nach Kontext etwas anderes bedeuten. In der Folge wird nicht selten nach (zu) wenigen Worten (zu) schnell zum Messer gegriffen. Unserer gesamten Kultur muss die heilende Kraft des Wortes wieder in Erinnerung gerufen werden. Von der Wiege bis zur Bahre, vom Katheder über die Kanzel bis zum Sterbebett hungern wir im Grunde zuallererst nach dem Pharmakon des zu Herzen gehenden Wortes.

Erst vor wenigen Monaten wurde eine interessante Untersuchung über den Stellenwert von Religion und Spiritualität in der Behandlung psychisch Kranker veröffentlicht.[12] Religion und Spiritualität als Begriffe werden dabei so verstanden, dass sie aufeinander verweisen, schwer zu definieren sind, nicht miteinander verwechselt werden wollen, aber auch nicht leicht voneinander abzugrenzen sind: Gemeinsam ist ihnen die Hinwendung zu einer höheren Macht auf der Suche nach Sinn und Antworten auf existentielle Fragen.[13] Das Ergebnis der Studie ist nicht überraschend: Im Vergleich zu ihren PsychiaterInnen betrachten PatientInnen bis zu doppelt so häufig die Religion als wichtig. Im klinischen Alltag wäre daher auch in der Anamnese die Frage, in welcher Weise Religion und Spiritualität im Alltag des Patienten eine Rolle spielen, eine sinnvolle Ergänzung. Der überwiegend positiven Wirkung von Spiritualität auf die psychische Gesundheit eines Menschen könnte dadurch mehr Beachtung geschenkt werden. Wenn sich die Gesamtheit einer Person aus der Zusammenschau seiner physischen, emotionalen, sozialen und spirituellen Erfahrungen ergibt, dann birgt das Ignorieren und Ausklammern eines dieser Aspekte seitens professioneller Helfer die Gefahr, den Genesungsprozess von PatientInnen zu verzögern.[14]

Plädoyer für ein Miteinander statt Argwohn und Vorbehalt

Die Wiederentdeckung der Psychoanalyse bleibt die herausragendste kulturelle Leistung des vergangenen Jahrhunderts. Die schmerzlich-heilsame Erfahrung, dass in den Tiefen des Unbewussten die Wurzeln für die seelische Not eines Menschen liegen, erforderte eine völlige Neuorientierung und die Bereitschaft, bisher Gewohntes und Vertrautes in Frage zu stellen. Die kirchliche Seelsorge – genauer gesagt die der römisch katholischen Kirche – hatte sich aber, von rühmlichen Ausnahmen abgesehen, über Jahrzehnte mit Händen und Füßen dagegen zu wehren versucht. Die Tatsache, dass die Psychoanalyse jüdische Wurzeln hat, stellte vor allem im katholischen Österreich um 1900 mit seiner stark antisemitischen Tendenz[15] eine schwere narzisstische Kränkung dar. Sich ausgerechnet von „gottlosen Juden" die Geheimnisse der menschlichen Seele entschlüsseln zu lassen, erschien den kirchlichen Seelsorgern undenkbar.

Auf der anderen Seite wurde dort, wo aus kirchlichen Kreisen Interesse an den Erkenntnissen der Psychoanalyse bekundet wurde, von Seiten der Ärzte und Therapeuten mit skeptischer Verwunderung bis hin zu dezidierter Ablehnung reagiert. In meinem eigenen Ausbildungsverein war der Argwohn und die Skepsis einem Priester gegenüber, der sich einer Lehranalyse unterzieht, schmerzlich zu spüren. Als ich 1994 mit dem im Rahmen der Ausbildung verpflichtenden Psychotherapiepraktikum an der Universitätsklinik für Psychiatrie am Wiener AKH begonnen hatte, war mein Erscheinen dort für Schwestern, Pfleger und Ärzte zunächst etwas Ungewöhnliches. Ein katholischer Geistlicher in therapeutischer Ausbildung hatte sie anfangs vorsichtig sein lassen. Daraus gewachsene Freundschaften sind mir bis heute kostbar.

Alfred Adler, der Begründer der Individualpsychologie, schreibt 1931 in seinem Buch *Wozu leben wir?*:[16] „Das wichtigste religiöse Gebot lautet immer: ‚Liebe deinen Nächsten'. Es gibt viele Religionen und Konfessionen, die sich auf ihre eigene Weise bemühen, das Gemeinschaftsbewusstsein zu vertiefen; und ich stimme überein mit jedem menschlichen Bemühen, welches die Zusammenarbeit als endgültiges Ziel anerkennt. Es gibt für uns keine Notwendigkeit, einander zu bekämpfen, zu kritisieren oder herabzusetzen. Wir sind nicht mit dem Besitz der vollkommenen Wahrheit gesegnet, und es gibt verschiedene Wege, die zum endgültigen Ziel der Zusammenarbeit führen."

Ich denke in diesem Zusammenhang an eine Begegnung mit Margarete Mitscherlich,[17] die Grande Dame der Psychoanalyse, die ich im Mai 2005 kurz nach dem Tod von Papst Johannes Paul II. († 2. April 2005) bei einem Abendessen in Wien kennen lernen durfte. Einer meiner Kollegen in der Psychotherapie, der mit uns am Tisch saß, nutzte die Gelegenheit meiner Anwesenheit, um sein Befremden darüber auszudrücken, dass vier Millionen Menschen nach Rom pilgerten, um das Begräbnis eines Papstes mitzuerleben. Die Übermacht der Katholischen Kirche würde ihm Angst machen. Mitscherlich hörte sich das alles ruhig an, und in die Stille hinein meinte sie dann: „Vier Millionen Menschen kommen zusammen und beten. Ich kann darin nichts Bedrohliches erkennen!"

Von der Seelsorge
zur Psychotherapie

Kirchen sind mir heilig. Orte der Kraft. Rastplätze für die Seele. Inbegriff wesentlicher Begegnungen. Bitten, Danken, Staunen, Loben, Klagen, Schimpfen, Fluchen, Segnen, Singen, Schweigen: Alles habe ich in solchen Räumen erfahren, allein und gemeinsam mit anderen. Die Heilkraft des Wortes und ihre aufmunternde und tröstende Qualität sind mir seit Kindertagen vor allem hier bewusst geworden. So sehr, dass es mir immer schwerer fällt, Beten und miteinander ins Gespräch Kommen voneinander zu trennen. Allein die Vorstellung, wie viele Menschen in Kirchen Trost, Erleichterung und Ermutigung gesucht haben, wie viel an unausgesprochenen Gedanken und Gefühlen hier „in der Luft liegt", lässt mich jeden sakralen Raum unabhängig von der jeweiligen Konfession mit größter Ehrfurcht betreten.

Einer wie er

Wenn ich im kleinen Kirchlein meiner Kindheit in Altersberg stehe, muss ich vor allem an meinen ersten Heimatpfarrer denken. Ein scheuer Mann mit leiser Stimme. Gütig und anspruchslos. Ich wartete immer gespannt auf das Klingelzeichen von der Sakristei her. Erst mit seinem Erscheinen wurde der Raum lebendig. Was er sagte, verstand ich nicht, aber ich fühlte mich geborgen. Wenn er uns zuhause besuchte, hatte mein Vater damit weniger Freude als ich. In der Regel zog sich der Vater nach der Begrüßung zurück, oft war es ihm schon vorher gelungen, das Weite zu suchen. Meine Mutter bewirtete den hohen Gast. Wenn sie mit ihm sprach, lag in ihrer Stimme ein angenehmer Ton, den ich so aus ihren Gesprächen mit unserem Vater nicht kannte. Franz Turbing (1899–1962) muss ein guter Zuhörer gewesen sein. Für die Mutter wurde er immer wieder zur Klagemauer am Küchentisch meines Elternhauses …

Der Pfarrer meiner Kindheit war Seelsorger und Therapeut in einer Person. Warum er aus Deutschland nach Kärnten gekommen war, vermochte niemand zu sagen. Es war nicht üblich, „dem Hochwürdigen Herrn" persönliche Fragen zu stellen. Französisch, Englisch und Italienisch beherrschte er „schulmäßig", wie es im Personalbogen der Diözese Gurk-Klagenfurt heißt. Er wird ähnliche Anstrengungen wie beim Erlernen einer Fremdsprache gebraucht haben, um sich als Saarländer in Dialekt und Mentalität der Oberkärntner Bauern zurechtzufinden.

In meinem dritten Lebensjahr tauchte zum ersten Mal der Wunsch auf, „Pfarrer" zu werden; natürlich noch nicht „Priester auf ewig nach der Ordnung des Melchisedek", wie es in der liturgisch-kirchenrechtlich relevanten Bezeichnung der Amtskirche heißt, sondern einfach einer wie er wollte ich werden. Einer, der am Sonntag die Menschen um seinen Altar versammelt, der mit ihnen betet und singt, bei Hausbesuchen allein durch sein Auftauchen Atmosphäre verwandelt, beim Gespräch mehr hört als redet und immer gut bewirtet wird. Die Faszination, die von diesem Beruf ausgeht, ist für mich heute noch zu spüren. Jedenfalls war sie groß genug, um mich das Studium der Theologie ergreifen zu lassen und katholischer Priester zu werden. Als vollendet aber hatte ich diesen Kindertraum erst erlebt, wie mir das Bundesministerium für Gesundheit in seinem Schreiben vom 9. Oktober 1996 mitteilte, dass ich als Psychotherapeut in die Psychotherapeutenliste eingetragen und somit zur selbständigen Ausübung der Psychotherapie berechtigt bin.

Die Entdeckung der Unerschrockenheit

Zu meinem Geburtstag im Jahr 1990 hatte mir eine Freundin ein Buch geschenkt mit der knappen Widmung „molto interessante – hoffentlich findest Du auch die Zeit, darin zu lesen". Die Lektüre schlug ein wie ein Blitz und führte mich an eine entscheidende Wegkreuzung meines Lebens. Heribert Fischedick, damals noch Pfarrer in Meerbusch bei Düsseldorf und Psychotherapeut, hatte mit seinem Buch *Von einem, der auszog, das Leben zu lernen*[18] mein Inneres gründlich durcheinandergebracht. Plötzlich stellten sich mir Fragen, denen ich bis jetzt in meinem Leben ausgewichen war, weil sie ja „nur mich" betrafen. Mit einem Mal war ich mir wichtiger als je zuvor geworden; gerade davor hatten mich meine kirchlichen Lehrer immer gewarnt. „Emanzipation", „Selbstverwirklichung", Ziele, denen sich die Psychotherapie verpflichtet weiß, klingen allein schon vom Wort her für manche kirchliche Vorgesetzte gefährlich.

Ich entdeckte an mir die Unerschrockenheit als eine neue Dimension meines Lebens. Plötzlich erschien mir mein Lebensweg in einer eigenen biographischen Logik und Moral. Was anderen als „Abkommen vom rechten Weg", als Umweg oder Irrweg erscheinen mochte, wurde für mich unverwechselbar zu meinem Weg, neben dem es keinen anderen mehr geben konnte.

Im Jahr 1988 lernte ich Peter Turrini kennen. Aus unserer ersten Begegnung wurde eine leidenschaftlich durchdiskutierte Nacht und der Beginn einer ungewöhnlichen Freundschaft. Im

November 1990 war ich im Wiener Burgtheater zur Premiere von Turrinis Theaterstück *Tod und Teufel* geladen. Pfarrer Christian Bley gesteht im Stück: „Ich fühle mich wie hinter einer Mauer. Von allem abgesperrt. Wie tot. Wenn ich abends nach der Messe durch die Gassen des Dorfes gehe, denke ich an die Menschen hinter den Fassaden der Häuser. Ich denke daran, was sie einander antun, aber ich spüre es nicht. Sie kommen in den Beichtstuhl, flüstern mir ihre Sünden zu, und ich vergebe ihnen. Aber ich weiß nicht, was ich ihnen vergebe. Natürlich weiß ich, wovon sie reden, aber ich habe keine Ahnung, wie es ist. Im Konvikt, im Priesterseminar, in den wachen Nächten im Pfarrhof, immer bin ich der Sünde ausgewichen, bis ich nicht mehr wusste, was sie ist. Ich kann die Sünde nicht mehr finden. Ich habe mich verloren. Ich habe Gott verloren."[19] Allein für diese Sätze hatte sich die Reise nach Wien gelohnt. Damals fand ich auch noch eine kleine literarische Notiz von Barbara Frischmuth: „Wie ausgestoßen ich mir vorkomme in meiner Bindungslosigkeit, so überhaupt nicht eingebettet in irgendwelche Zusammenhänge." Ich fühlte mich durch solche Gedanken verstanden und bekam Lust aufs Leben und Sehnsucht nach Literatur. In meinen Ansprachen und Texten tauchten immer öfter Zitate auf. Lange habe ich versucht, mich dahinter zu verstecken. Jetzt endlich fühlte ich mich in der Lage, selbst nach Worten zu suchen. Das „Ehrfurcht-und-Gehorsams-Gelübde" meinem Bischof gegenüber bekam dadurch erste und ernste Risse. Eingebettet zu sein in eine Institution genügte mir nicht mehr. Vor allem blieb es mir die Antwort auf meine drängenden Fragen schuldig. Jetzt endlich hatte ich darüber zu reden begonnen, und ich fühlte mich nicht mehr „ausgestoßen". Plötzlich war ich „eingebettet" in unerwartet neue Zusammenhänge. Meinem damaligen Bischof Egon Kapellari bin ich im Blick zurück zu großem Dank verpflichtet. Er mag unter meinem Weg gelitten haben. Sein Verstehen und gewähren Lassen haben mir beim „Versuch, in der Wahrheit zu leben"[20] Mut gemacht.

Das Katholische und
der Hirtengott Pan

In meinem 39. Lebensjahr, am 10. Juni 1991 in Wien, habe
ich mit meiner Lehranalyse bei Erwin Ringel und damit die
Ausbildung zum individualpsychologischen Psychotherapeuten begonnen. Unvergesslich die erste Stunde. Ein einziger
Wortschwall brach aus mir heraus. Ich hatte das Gefühl, noch
nie jemandem so rückhaltlos aus meinem Leben erzählt zu
haben. Bis dahin mag ich ein Meister der Andeutung gewesen
sein. Seither gehe ich bei der Buchstäblichkeit in die Schule
und weiß von dem befreienden Gefühl, wichtige Dinge meines
Lebens beim Namen zu nennen und ins Wort zu bringen.
Plötzlich war alles möglich. Ich wollte in alle Richtungen offen
sein. Das verunsicherte und überforderte natürlich meine
Angehörigen, die Freunde, das berufliche und gesellschaftliche
Umfeld und nicht zuletzt oder zuallererst mich selbst. Nach
dem Fall der Berliner Mauer im November 1989 war dort ein
geflügeltes Wort entstanden: „Wer nach allen Seiten hin offen
ist, ist nicht ganz dicht!" So mag ich damals auf viele gewirkt
haben, ungefragt offen und „nicht ganz dicht". Aber es hatte
mir nichts ausgemacht, im Gegenteil, ich hatte Appetit auf
einen neuen Weg, von dem ich nicht wissen konnte, wohin er
mich führt. Die Abenteuerlust und der Zauber des Anfangs
hatten viele Kräfte freigelegt und mir das Gefühl gegeben, jetzt
erst geboren zu sein. Im Handumdrehen waren da aber wieder
Zweifel und Existenzängste und die Sehnsucht nach den
„Fleischtöpfen Ägyptens".[21] Ein wenig mag es mir damals
gegangen sein wie den Israeliten angesichts der harten Entbehrungen in der Wüste nach dem Ausbruch aus der Knechtschaft
des Pharao. Sie bereuten ihren Aufbruch und wünschten sich
zurück zu den Fleischtöpfen Ägyptens. Besser gefangen zu sein,
aber zu essen zu haben, als frei und hungrig durch die Wüste
zu ziehen ...

Es war eine in jeder Hinsicht spannende Zeit. Mit der Kirche sehr verbundene Freunde sprachen davon, dass ich eine Glaubenskrise durchmache. Das „vom Glauben Abfallen", wie manche sich ausdrückten, war in ihren Augen überhaupt das Schlimmste. Bei einer Diskussion über Psychotherapie und Seelsorge wurde ich damals gefragt: „Ist das, was Sie da sagen, noch katholisch?" Ich gab zur Antwort, dass ich gestehen müsse, darüber nicht nachgedacht zu haben. Ich beschäftigte mich nicht mehr mit dem Katholischen im Sinne eines kirchlich hierarchischen Schwerpunktes, sondern mit dem Katholischen im Sinne des Lebendigen. Das unverwechselbar Eigene hatte mit einem Mal Hochkonjunktur.

Diese Zeit ist für mich im Rückblick zur großen Wegkreuzung geworden. Ein Lehrtherapeut der Individualpsychologie machte mich am Beginn der Ausbildung darauf aufmerksam, dass durch die Psychoanalyse in meinem Leben unter Umständen kein Stein mehr auf dem anderen bleiben würde. Das sollte mir Recht sein, und es konnte mir gar nicht schnell genug damit gehen. Im Flug wollte ich die Pferde wechseln und die Psychotherapie als die andere Art von Seelsorge anstreben. Erst nach und nach wurde mir klar, dass das eine nicht unbedingt auf Kosten des anderen verwirklicht werden muss. Mit einem Mal hatte ich, der Getriebene, alle Zeit der Welt, und der innere Drang nach Veränderung war einer engagierten Gelassenheit gewichen. Bei der Priesterweihe wird einem Weihekandidaten ein Satz mit ins Leben gegeben, den er kaum wird vergessen können: „Du bist Priester auf ewig!" Im Laufe meiner Lehranalyse wurde aus der Ewigkeit Zeit, und ich sagte mir: „Du bist Priester auf Zeit. Und wenn daraus die Ewigkeit werden sollte, wirst du es am Ende deines Lebens wissen, wenn es dann noch eines Wissens bedarf."

Von Julian Taupe, einem Kärntner Künstler, erstand ich damals ein Gemälde, ein schmutzig weißes Feld, dessen Untergrund auszuapern beginnt, wie im Frühjahr der Acker, wenn das schneebedeckte Feld „schmutzig" wird, nach und nach den Boden freigibt und die ersten Frühlingsboten aus der Erde kommen; von seiner rechten oberen Ecke her kommt Farbe ins Bild, blau, rot, gelb, grün, schwarz, braun: „Der Vorhang lüftet sich"[22] – das Leben meldet sich zurück! Bis heute erinnert mich dieses Bild in meiner Praxis an den Beginn meiner Lehranalyse und das Eintreten in eine völlig neue, geheimnisvoll-bunte und spannende Welt.

Damals bekam ich Lust, die Welt mit anderen Augen zu sehen. Und es machte mir mit einem Mal nichts mehr aus, mir dabei die Hände oder Füße „schmutzig" zu machen. In den mir bekannten griechischen Mythen entdeckte ich eine bis jetzt nicht beachtete Wahrheit hinter der Wahrheit, die andere Seite einer Medaille, die Rückseite einer Geschichte. Diese im Grunde allen Mythen, Märchen, Sagen und biblischen Geschichten innewohnende Psycho-Logik lehrte mich die Psychotherapie mit großer Lust zu suchen.

Der Mythos des griechischen Hirtengottes Pan ist ein gutes Beispiel, um diese Faszination zu beschreiben: Pan heißt auf Deutsch wörtlich „alles" oder „das Ganze". Dieser Hirtengott Pan ist ein Vierbeiner. Er hat, so erzählt der alte Mythos, eine glänzende Oberseite, die herrlich anzusehen ist. Seine unsichtbare Unterseite aber ist erschreckend hässlich. Manchmal aber richtet Pan sich auf und zeigt auch seine andere, die dunkle und hässliche Seite. Die Menschen reagieren „panisch", sie geraten in „Panik", wenn sie unvermutet mit der anderen Seite der Wahrheit konfrontiert werden. Platon interpretierte diesen Mythos so, dass er sagte, man solle den Menschen auch nicht die ganze Wahrheit zumuten. Die Idee, die schöne Seite der Wahrheit, sei die besser verträgliche. Deshalb solle man den Menschen die Wahrheit sagen, die sie gerne hören wollen, um nicht unnötig Schwierigkeiten zu machen.[23] Wer sich aber selbst kennen lernen möchte, wer die Welt zumindest in Ansätzen „verstehen" möchte, muss bereit sein, „das Ganze" in den Blick zu nehmen. Ich habe es meinem Lehrer Erwin Ringel zu verdanken, dass mir durch die Selbsterfahrung auf der Couch das Interesse am Ganzen des Lebens gewachsen ist und ich so einen neuen Blick auch auf das „Katholische" bekommen konnte. Das Wort „katholisch" bedeutet „allumfassend" und „weltumspannend". So gesehen ist das, was wir „katholisch" nennen, mit dem Hirtengott Pan verwandt. Seither steht „katholisch" in meinem Leben für „unerschrocken", neugierig und daran interessiert, was hinter den Kulissen vor sich geht. Vom Mann aus Nazareth wird in einer außerbiblischen Geschichte erzählt, er wäre mit seinen Jüngern über die Kornfelder gegangen und dabei am Wegrand auf einen verwesenden Hundekadaver gestoßen. Voll Ekel hätten sich die Jünger abgewendet, Jesus aber sei niedergekniet, hätte seine Begleiter herbeigerufen und zu ihnen gesagt: „Seht doch, welch schöne weiße Zähne dieses Tier hat!" Durch diese kleine außerbiblische Geschichte, die vielleicht aus dem 4. Jahrhundert stammt, ist die hier angesprochene „katholische Dimension" nochmals gut auf den Punkt gebracht: hinsehen, nicht davonlaufen, niederknien und unerschrocken auf das schauen, was sich zeigt. So gesehen ist das Katholische an Jesus das Therapeutische, es geht ihm um den ganzen Menschen in all seinen Dimensionen. Wenn es die Aufgabe der Psychotherapie sein kann, dem Christentum die vergessene Seite ihres Wesens wieder in Erinnerung zu rufen, dann kann es umgekehrt die Aufgabe einer angstfreien und menschenbezogenen Seelsorge sein, die Psychotherapie wieder daran zu erinnern, dass die bleibend weißen Zähne der religiösen Sehnsucht zum kostbaren Schatz jedes Menschen gehören und nicht vergessen werden dürfen.

Die Couch als Ziel meiner Wallfahrt

Neun Jahre lang hatte ich meine Ausbildung und die therapeutische Arbeit in Wien mit meiner Verantwortung als Seelsorger in Kärnten zu verbinden versucht. Das war nicht immer leicht, aber erfüllend, freilich unter weitgehender Ausklammerung von persönlichen Fragen, von denen ich hoffte, sie würden sich von selbst erledigen … Meine Liebe zu einer Frau hatte ich damals – noch zu Zeiten, da viele schon von ihr wussten – geglaubt, „aus Liebe zu Gott" verstecken zu müssen. Dieses Verstecken ging eine Zeit lang gut, so jedenfalls hatte ich mir das einzureden versucht, unterstützt durch die „Weisheit" eines Kärntnerliedes, das die heimliche Liebe als die wahre besingt; auf Dauer aber, je länger, umso mehr, wird daraus der Verrat an der Liebe und an sich selbst. Und so teilte ich meinem kirchlichen Vorgesetzten schriftlich „meinen Verzicht auf die priesterliche Tätigkeit im Rahmen der kirchlichen Seelsorge" mit. Ich setzte diesen Schritt aus persönlichen Gewissensgründen und verstand ihn auch „als Zeichen der Solidarität mit vielen Mitbrüdern, denen aus Gründen des Pflichtzölibats die Ausübung ihres priesterlichen Dienstes nicht mehr möglich ist".

Die Formulierung dieses Briefes hatte ich mir auf unzähligen Spaziergängen lange und gut überlegt. Dieser Schritt bedeutete für mich tatsächlich „Verzicht", denn die Arbeit in der kirchlichen Seelsorge war schön. Die besten Jahre meines Lebens hatte ich gern dafür gegeben. Die Aufgabe war es auch wert gewesen. Und wenn ich vom Verzicht auf den priesterlichen Dienst „im Rahmen der kirchlichen Seelsorge" sprach, so wollte ich damit die therapeutische Arbeit, in die ich in den letzten 17 Jahren meines Lebens hineingewachsen bin, als Seelsorge im besten Sinn des Wortes verstehen. Kirchliche Seelsorge leistet an vielen Orten unschätzbare Dienste, aber sie darf keinen Alleinanspruch auf seelische Betreuung erheben.

Als der Kirchturm in meiner ehemaligen Pfarre Klein St. Paul in Kärnten neu eingedeckt wurde, hatten wir zum Abschluss der Renovierung in die goldene Kugel auf der Spitze des Turms eine Botschaft für die hinterlegt, die es in späterer Zeit wieder unternehmen werden, das Gebäude zu erneuern. Es ist ein aus dem geistlichen Testament von Johannes XXIII. genommener Gedanke, der die Vision einer Seelsorge aufzeigt, die nicht innerhalb der Kirchenmauern bleibt: „Mehr denn je, bestimmt mehr als in den letzten Jahrhunderten, sind wir heute darauf ausgerichtet, dem Menschen als solchem zu dienen, nicht bloß den Katholiken, darauf, in erster Linie und überall die Rechte der menschlichen Person und nicht nur diejenigen der katholischen Kirche zu verteidigen."[24] Diese im besten Sinn des Wortes „katholische" Perspektive hatte mich in den Jahren meiner Verantwortung als Seelsorger beflügelt. Jede andere Art eines helfenden Berufes, wie unterschiedlich die jeweiligen Schwerpunkte auch sein mögen, wird mit dieser Sicht auf den Menschen einverstanden sein können. Der Mensch als solcher steht im Mittelpunkt der Aufmerksamkeit, seine Rechte und vor allem seine Not sind für Helfende das oberste Gebot. In helfenden Berufen ergibt sich daraus eine Erfahrung: „Andere tragen zu können, trägt dich, anderen helfen zu können, hilft dir."[25] In geglückten Begegnungen vermag niemand zu sagen, wer der Schenkende und wer der Beschenkte ist.

Was ich vorher über neun Jahre zu verbinden versuchte, die Leitung dreier kleiner Landpfarren in Kärnten und die therapeutische Arbeit in Wien, beendete ich mit einer elftägigen Fußwallfahrt, die mich vom Altar zur Couch führte, vom Pfarrhof meiner ehemaligen Pfarre aus über Gleinalm und Mariazell zu meiner therapeutischen Praxis in Wien; die Strecke, die ich unzählige Male im Auto zurückgelegt hatte, sollte jetzt beim Gehen übers Gebirge endgültig und im doppelten Sinn des Wortes zurückgelegt werden; das eine musste ich hinter mir lassen und das andere bewusst mit neuen Kräften in Angriff nehmen.

Die „Gretchenfrage": Wie hast du's mit der Religion?

In Goethes *Faust* fragt
MARGARETE: Nun sag, wie hast du's mit der Religion? Du bist ein herzlich guter Mann, allein ich glaub, du hältst nicht viel davon.

FAUST: Lass das, mein Kind! Du fühlst, ich bin dir gut; Für meine Lieben ließ' ich Leib und Blut, Will niemand sein Gefühl und seine Kirche rauben.

MARGARETE: Das ist nicht recht, man muss dran glauben.

FAUST: Muss man?

MARGARETE: Ach! Wenn ich etwas auf dich konnte! Du ehrst auch nicht die heil'gen Sakramente.

FAUST: Ich ehre sie.

MARGARETE: Doch ohne Verlangen. Zur Messe, zur Beichte bist du lange nicht gegangen. Glaubst du an Gott?

FAUST: Mein Liebchen, wer darf sagen: Ich glaub an Gott? Magst Priester oder Weise fragen, Und ihre Antwort scheint nur Spott Über den Frager zu sein.

MARGARETE: So glaubst du nicht?

FAUST: Misshör mich nicht, du holdes Angesicht! Wer darf ihn nennen? Und wer bekennen: Ich glaub ihn! Wer empfinden, Und sich unterwinden Zu sagen: Ich glaub ihn nicht![26]

Die Frage nach Glauben und Religion ist letztlich die intime Frage nach den Erfahrungen einer persönlichen Praxis im Alltag. „Wie hast du's" damit, was ist das Deine, unverwechselbar dir eigen? Eine Bergbäuerin erzählte mir, sie hätte bei einer Bibelrunde eine kritische Frage gestellt, worauf ihr der Pfarrer geantwortet hätte, dass man so nicht fragen dürfe …

In meiner Zeit als Seelsorger glaubten viele Menschen ähnlich dem Gretchen zu wissen, was ich als ihr Seelsorger glaube oder zu glauben hätte. Ich wurde bei vielen Gelegenheiten einfach nur danach gefragt, wie Glaubensinhalte der katholischen Kirche zu begründen oder einfach besser zu verstehen wären. Oft hatte ich diese Fragen wie Prüfungsaufgaben erlebt, meine Antworten waren nicht selten nur davon geleitet, die Fragenden zufrieden zu stellen. Meine ganz persönlichen offenen Fragen an Gott und die Welt mussten dabei über (zu) lange Zeit uneingestanden und natürlich unbeantwortet bleiben. Wenn es sich in tieferen und gründlicheren Gesprächen dann herausstellte, dass vieles auch mir als Vertreter einer Glaubensgemeinschaft nicht klar war, waren sich kritische Zuhörer in ihrer Meinung über bestimmte religiöse Fragen plötzlich sehr rasch einig. Kritik und Skepsis verbinden oft inniger und haben eine höhere emotionale Qualität als das unhinterfragte Übereinstimmen in den Dingen des Glaubens. Gelegentlich hatte ich dann als Seelsorger die Möglichkeit, so manche dogmatische Grundüberzeugung im vertrauten Kreis in Frage zu stellen und dabei in das weite Feld des Glaubens vorzustoßen, wo staunend anerkannt werden kann, was sich im Leben eines Menschen an „unglaublichen" und wunderbaren Dingen tut, die weit über philosophisches und theologisches Diskutieren hinaus- und in die persönliche Erfahrung eines unverwechselbar eigenen Lebens und Erlebens hineinführen. Damit konfrontiert und mit persönlicher Offenheit beschenkt zu sein, ist mir zunehmend kostbarer und wichtiger geworden. Auf das zu hören, was Menschen aus ihrer Erfahrung berichten und dabei nicht sofort klären zu müssen, welchen Stellenwert solche Aussagen im Regelwerk einer Glaubensgemeinschaft einnehmen, wurde ein wesentlicher Bestandteil meiner Arbeit als Seelsorger. Erst später wurde mir klar, dass ich gerade dadurch in eine Grundhaltung hineinwachsen konnte, die ich jesuanisch-therapeutische Aufmerksamkeit nenne. Ein Mensch, der in der Therapie anfängt, aus seinem Leben zu erzählen, wird dabei nicht normiert, nicht kontrolliert, nicht gemaßregelt und dogmatisiert, er wird schlicht und einfach willkommen geheißen und in dem, was er zu erzählen hat, wahrgenommen und akzeptiert. Im Grunde habe ich in meinem beruflichen und persönlichen Leben dadurch in die Weite gefunden und Lust daran bekommen, auch in den Dingen des Glaubens eher Fragen zu stellen als Antworten zu geben: „Wer darf ihn nennen? Und wer bekennen: Ich glaub ihn! Wer empfinden, Und sich überwinden Zu sagen: Ich glaub ihn nicht!"

Es gibt gute Gründe, an Gott zu glauben und es gibt gute Gründe, nicht an ihn zu glauben. Die Bibel rät, denen, die von

Gott reden, beim Leben zuzusehen, weil erst an den Früchten zu erkennen ist, welches Gewicht den Worten zukommt (vgl. Mt 7,16). Der Hebräerbrief legt das Augenmerk auf den Ausgang des Lebenswandels und liest erst von dort her die Echtheit des Glaubens: „Erinnert euch eurer Führer, die euch das Wort Gottes angesagt haben. Und immer wieder auf den Ausgang ihres Lebenswandels schauend, ahmt ihren Glauben nach (Heb 13,7)".[27] Aber auch dadurch ist nicht erwiesen, dass Gott existiert, sondern „nur", wie stark der Glaube eines Menschen gewesen ist und was zu bewirken er im Lauf seines Lebens im Stande war. Die Bibel selbst argumentiert also implizit mit der Erfahrung, und ohne Erfahrung ist Glaube für sie Schall und Rauch, Geplappere „vom Hörensagen" (vgl. Ijob 42,5).

André Gide, dem Literatur-Nobelpreisträger von 1947, wird ein in diesem Zusammenhang treffendes Wort zugeschrieben: „Glaube denen, die die Wahrheit suchen, und zweifle an denen, die sie gefunden haben." Diese programmatische Skepsis ist mir in meinem beruflichen und privaten Alltag zum Begleiter geworden. Es lädt dazu ein, nicht nur Fragen zu stellen, sondern auch das scheinbar Offensichtliche und Nichthinterfragbare einer sorgsamen Prüfung zu unterziehen.

Wer vom Glauben spricht, findet eine große Bandbreite von Mitteilungsmöglichkeiten vor; das, was uns andere davon berichten, kann vom Lippenbekenntnis bis zur persönlich schwer mitteilbaren Betroffenheit reichen. Glaube und Religion aber, wenn sie den Boden unter den Füßen behalten wollen, sind nur in der von Margarete im *Faust* angesprochenen Dimension des Verlangens und der Sehnsucht benennbar, gerade dort aber geraten sie auch an ihre Grenze der Mitteilbarkeit. So stehen wir wie so oft beim Lebendigen auch hier vor einem Paradoxon: Glaube und Erfahrung sind zwei Begriffe, die einander bedingen. Es kann keinen Glauben geben ohne Erfahrung. Erfahrung aber bleibt im Wesentlichen als unser Eigenstes nicht mitteilbar und doch lohnt es sich, darüber ein Gespräch zu führen.

Die Autorität der „heiligen" Schriften

In der rabbinischen Tradition findet sich die Geschichte eines jungen Flüchtlings, der in eine Stadt kommt, deren Bewohner ihn bereitwillig aufnehmen und verstecken. Dann kommen Soldaten auf der Suche nach dem Flüchtling, doch die Bewohner der Stadt behaupten, von nichts zu wissen. Die Soldaten schöpfen Verdacht und kündigen an, die ganze Stadt in Schutt und Asche zu legen, wenn der Flüchtling nicht bis zum nächsten Morgen ausgeliefert wird. Voller Angst kommen die Menschen zu ihrem Rabbi, um ihn um Rat zu fragen. Tief besorgt beginnt er in der Schrift nach einer Antwort zu suchen. Die ganze Nacht liest er, ohne etwas zu finden. Doch da, kurz vor Sonnenaufgang, fällt sein Blick auf den Satz: „Es ist besser, dass einer für das ganze Volk stirbt, als dass alle zugrunde gehen" (Joh 11,50). Er ist sich sicher, dass das die Antwort ist, und kommt damit zu den Stadtbewohnern. Sie sagen den Soldaten, dass der junge Mann tatsächlich bei ihnen versteckt ist, und er wird abgeführt. Der Rabbi aber ist nicht beruhigt. Er setzt sich nochmals über seine Bücher. Ein Engel erscheint und fragt ihn, was er für ein Problem habe. „Ich bin mir einfach noch nicht sicher, ob es richtig war, den jungen Mann auszuliefern", sagt der Rabbi. Der Engel gibt zur Antwort: „Wusstest du nicht, dass das der Messias ist?" Ungläubig schaut ihn der Rabbi an: „Wie hätte ich das wissen können?" – fragt er. „Hättest du dir die Zeit genommen, den jungen Mann aufzusuchen und ihm in die Augen zu schauen, anstatt in den Schriften zu suchen", entgegnet der Engel, „hättest du gesehen, dass er der Messias ist."

Wenn wir die Schrift, aus der der Rabbi liest, vom Leben loslösen, verzerren wir ihren Inhalt. Wenn wir die Geschichten von den Menschen loslösen, unter denen sie entstanden sind, verstehen wir sie falsch. Die Autorität „heiliger" Schriften liegt darin, dass sie über sich selbst hinaus verweisen auf Menschen und die Geschichte ihrer Erfahrungen. Machen wir das Buch zum Götzen, dann machen wir die Worte zur letzten Wahrheit und kommen in Schwierigkeiten, so wie der Rabbi in der Geschichte. Wo Schriften und Regeln wichtiger werden als die konkrete Not eines Menschen, verkommt die Sorge um die Seele zum Lippenbekenntnis.

Eugen Drewermann warnt an vielen Stellen seines umfangreichen Werkes, dass eine Auslegung heiliger Texte, die in der historischen Distanz des gelehrten Bildungswissens daherkommt, von der unmittelbaren Ergriffenheit nichts transportieren könne und in ihrem ganzen Wesen unreligiös und zum Zeugnis gegen sich selber verkommen müsse. Geschichten berühren uns dann, wenn sie uns innerlich anrühren, wenn statt Erinnerung „Verinnerung" möglich wird, statt „Begriffenhaben", „Ergriffensein". Alles andere wäre Heuchelei und Mummenschanz.[29]

Alfred Adler schreibt: „Die Tatsache, dass sich ein immer größerer Teil der Menschheit gegen die Religion wehrt, stammt nicht aus dem ihr zugrundeliegenden Wesen; diese Gegenwehr stammt vielmehr aus Widersprüchen, die sich aus dem Wirken des Machtapparates der Religionen entgegen ihrem fundamentalen Wesen ergeben haben. Wohl auch aus dem nicht seltenen Missbrauch zu Zwecken, die mit dem Wesen der Religion in Widerspruch stehen."[30]

Das Buch Ijob

Das Buch Ijob ist ein vielbeachtetes Hauptwerk der Weltliteratur und eines der ältesten Zeugnisse eines Rechtsstreites zwischen dem Schöpfer und seinem Geschöpf. Die Rahmenerzählung geht auf eine alte Volksüberlieferung zurück, die von einem vorbildlichen, frommen und gerechten Mann erzählt. Satan hegt den Verdacht, dass Ijob nur glaubt, solange es ihm gut geht, aber den Glauben verliert, sobald dieser Glaube ihm nicht mehr nützt. Gott und der Satan schließen daraufhin eine Wette ab. Ijob wird zum göttlichen Versuchsobjekt, der Schlag

um Schlag alles verliert: In der Folge jagt eine „Ijobsbotschaft"
die nächste: Seine Herden werden ihm gestohlen, Hab und
Gut ein Raub der Flammen, Söhne und Töchter kommen ums
Leben, und schließlich wird Ijob selbst mit Krankheit geschla-
gen. Da kommen drei Freunde, um ihn zu trösten; was sie
sehen, lässt sie verstummen: „Sie saßen bei ihm auf der Erde
sieben Tage und sieben Nächte; keiner sprach ein Wort zu ihm.
Denn sie sahen, dass sein Schmerz sehr groß war" (Ijob 2,13).
Ijob ergreift in seiner Verzweiflung das Wort und verflucht seinen Tag: „Ausgelöscht sei der Tag, an dem ich geboren bin, die
Nacht, die sprach: Ein Mann ist empfangen" (Ijob 3,3). Der
erste Freund bricht sein Schweigen und versucht zu „trösten"
und gleichzeitig zu erklären, warum nach dem göttlichen Plan
alles so verlaufen müsse: „Wohl dem Mann, den Gott zurecht-
weist. Die Zucht des Allmächtigen verschmähe nicht! Denn er
verwundet, und er verbindet, er schlägt, doch seine Hände heilen auch" (Ijob 5,17-18). Mit solchen und ähnlichen Argumenten versuchen die Freunde auf Ijob einzureden und ihm zu
verstehen zu geben, dass er nur seine Schuld bekennen müsse,
um vor Gott wieder als Gerechter dazustehen. Ijob aber wehrt
sich dagegen. Er ist sich keiner Schuld bewusst und lässt sich
diese auch nicht einreden. Er möchte nur wissen, was hier
gespielt wird: „Ich will mit dem Allmächtigen reden, mit Gott
zu rechten ist mein Wunsch" (Ijob 13,3).
Im Buch Ijob prallen im Grund zwei Gottesbilder aufeinander:
Ijob sieht in Gott einen Gesprächspartner in Augenhöhe. Ijob
erhebt Anklage, weil er nicht verstehen kann, in welch „teufli-
sches Spiel" er hier geraten musste; er ist sich keiner Schuld
bewusst, wehrt sich mit aller Kraft dagegen und verlangt nach
Aufklärung. „Gäbe es doch einen, der mich hört. Das ist mein
Begehr, dass der Allmächtige mir Antwort gibt" (Ijob 31,35).
Und trotzdem verliert er nicht die Hoffnung, diesen fernen,
abwesenden, schweigenden Gott endlich schauen zu können:
„Doch ich, ich weiß: mein Erlöser lebt, als letzter erhebt er sich
über dem Staub" (Ijob 19, 25). Das von Ijob bis in die

schmerzlichste Erfahrung hinein gezeigte Selbstbewusstsein eines Menschen vor seinem Gott ist in der Religionsgeschichte erstmalig in diesem biblischen Buch belegbar. Das Geschöpf tritt in Augenhöhe seinem Schöpfer gegenüber. Für Ijob bringt der Glaube nichts ein, er macht sich keine Illusionen, er bekommt keine Antwort auf seine Fragen, aber er schließt zum Ende doch mit einer neuen Erfahrung: „Aufs Hörensagen des Ohrs habe ich dich gehört, jetzt aber hat dich mein Auge gesehen" (Hiob 42,5).[31]

Die Botschaft des Buches Ijob ist nüchtern: Unglück ist keine Folge von Schuld, und Gerechtigkeit ist keine Garantie für das Glück. Die letzte Gerechtigkeit, die Ijob entdecken kann, lautet: Der Glückliche und der Unglückliche landen beide in der Erde, und Gewürm deckt sie zu. „Zur Grube ruf ich: Mein Vater bist du! Meine Mutter, meine Schwester!, zum Wurm" (Ijob 17,14).

Ganz anders das Gottesbild seiner Freunde: Sie haben für alles eine Erklärung und transportieren in ihren „Tröstungen" ein moralisierendes, archaisches Gottesbild, das das Leid aus der Schuldverstrickung des Menschen erklären will, ihm daher ständig ein schlechtes Gewissen mit auf den Weg gibt, im Grunde den Menschen klein macht und klein hält, damit Gott groß sein kann. Das Gottesbild der Freunde offenbart sich, wenn sie zu reden beginnen. Aber sie können Ijob damit nicht trösten, denn sie argumentieren auf der Basis eines traditionellen Gottesbildes, mit dem sie Ijob nicht mehr erreichen. Trotzdem wälzen sie ein und dasselbe Argument hin und her: Die Lage Ijobs zeige, dass er vor Gott Schuld auf sich geladen habe. Der Gerechte werde von Gott mit Gesundheit und langem Leben belohnt und gesegnet, der Schuldige müsse seine Schuld eingestehen, um vor Gott wieder Gnade erlangen zu können. Leid sei die auferlegte Strafe Gottes. Also reden die Freunde auf Ijob ein und raten ihm, seine Schuld zu bekennen und vor Gott Buße zu tun. Genau dagegen wehrt sich Ijob. Er ist sich keiner Schuld bewusst.

Dieses Gottesbild der Genossen trägt das Muster einer naiven, archaischen Religiosität, die Strafandrohung und Schutzbedürfnis zu vereinen versucht: Mit Gott wird gedroht, von Gott wird getröstet. Dem Menschen wird gedroht und gleichzeitig Schutz angeboten. Die Rahmenbedingungen dieses archaischen Gottesbildes lauten: „Wen Gott liebt, den züchtigt er." Und die Haupttugend eines solchen moralisierenden Gottesglaubens ist der Gehorsam nach der Devise „blind gehorchen und aufs Wort parieren". Schon Martin Luther weist darauf hin, wer an einem solchen Gottesbild aus verständlichen Gründen ein besonderes Interesse haben wird: Feldwebel, Schulmeister, Pfarrherren und Landesherren. Ihr gemeinsames Interesse bestünde darin, so sinngemäß Luther, das Selbstbewusstsein des Menschen zu brechen, das Selbst des Rekruten, des Kindes, des Gläubigen, des Bürgers. Dabei geht es um das Kostbarste, das wir haben, unser Wollen, das aus dem Innersten kommt. Ein gebrochener oder verbogener Wille führt niemals ins Leben, sondern in die Depression, in die Wellen des Wörthersees …

Ein solches Gottesbild war, wie wir später sehen werden, die Zielrichtung der Freud'schen Religionskritik, weil es neurotisiert, abhängig und krank macht. Ein solcher Glaube ist gefährlich und das Gegenteil von Ermutigung. Am Schluss des Buches Ijob ergreift Gott selbst das Wort und weist die Freunde zurecht: „Ihr habt nicht recht von mir geredet wie mein Knecht Ijob" (Ijob 42,7).

Ijob und Freud sind sich in ihrer Kritik darin einig, dass ein naiv-archaisch-moralisierender Gott ein Götze ist und den Menschen nicht erlösen und befreien kann. Im Unterschied zu Freud setzt Ijob dagegen aber einen Gott, der Beziehung ist und nicht mit Metaphysik, Moral oder Weltanschauung verwechselt werden darf. Ijobs Haltung Gott gegenüber zeigt, dass es nur einen einzigen Grund zu glauben gibt und das ist Gott. Wie es nur einen einzigen Grund für die Liebe gibt, nämlich die Liebe und einen einzigen Grund für das Leben, nämlich das Leben. Leben genügt dem Leben, Liebe genügt der Liebe, der Glaube genügt dem Glauben. Dieser Glaube muss nutzlos und zwecklos sein, nur dann ist er sinnvoll und Ausdruck von Freiheit. Im kirchlichen Umfeld wird manchmal von Gott als zu groß und vom Menschen als zu klein geredet. Bescheidenheit, Demut und Gehorsam werden überbetont; das stumme und ergebene Lamm, das zur Schlachtbank geführt seinen Mund nicht auftut (Jes 53,7), zum Vorbild erhoben. Ermutigung, die Stimme zu erheben und wenn nötig zum brüllenden Löwen zu werden, ist im kirchlichen Kontext nicht leicht zu finden.

Das Buch Ijob zeigt: Als Glaubender hat man es schwerer in der Welt bei der Zusammenschau von Leiden, Unrecht und Gottesgegenwart. Atheisten haben es leichter, sagte schon Ernst Bloch. Aber die Kritik der Atheisten ist nichts im Vergleich mit der Kritik Ijobs an Gott, weil der Atheist an Gott ja nicht festhält, während Ijob durch alle Erfahrung hindurch an Gott festhält, das Leid nicht herunterspielt und verklärt oder erklärt. Ijob will nicht von Gott los, er will nur wissen, was mit Gott los ist. Gott ist für ihn kein Pädagoge, der Leid schickt, um die Menschen zu prüfen. Eine kirchliche Verkündigung, die in der Tradition von Ijobs Freunden argumentiert, wird die „Ergebenheit" Ijobs überbetonen, während sein Widerstand Nebensache wird: „Nackt kam ich hervor aus dem Schoß meiner Mutter; nackt kehre ich dahin zurück. Der Herr hat gegeben, der Herr hat genommen; gelobt sei der Name des Herrn" (Ijob 1,21). Christen zu Ijob befragt, zitieren oft diesen Satz. Sie verbinden mit dem Buch, wenn sie es kennen, nicht das Aufbegehren und den Protest, sondern die Demut und die Ergebenheit.

Religion ist „einfach alles"

Religion und Alltag sind nicht voneinander zu trennen. Mit religiösen Augen betrachtet mag der Alltag zwar in einem anderen Licht erscheinen, wirklicher, größer, geheimnisvoller, aber es muss der Alltag bleiben. Religion und Glaube brauchen den Boden unter den Füßen.

Eindringlicher, überzeugender und vor allem schmerzlich-praktischer als bei Martin Buber habe ich noch nirgends „erklärt" gefunden, warum Religion in den Alltag hinein und nicht aus ihm heraus führt. Er sei, erzählt Buber, einmal an einem Vormittag nach einem Morgen „religiöser Begeisterung" von einem unbekannten jungen Menschen besucht worden, ohne mit der Seele dabei zu sein. Er habe es durchaus nicht an einem freundlichen Entgegenkommen fehlen lassen, er habe diesen jungen Mann nicht nachlässiger als alle seine Altersgenossen behandelt, die immer wieder zur bestimmten Tageszeit an die Tür des Professors klopften, um ihn wie ein Orakel zu befragen. Buber habe sich also auch mit diesem Studenten unterhalten, sich ihm gegenüber aufmerksam und freimütig verhalten – nur die Fragen habe er nicht erraten können, die der eigentliche Grund gewesen waren, warum der junge Mann an die Tür des Gelehrten geklopft hatte. Diese Fragen habe er dann kurz darauf von einem seiner Freunde erfahren müssen – sein junger Besucher lebte da schon nicht mehr. Es stellte sich heraus, dass er nicht beiläufig, sondern schicksalshaft zu ihm gekommen war, nicht um der Plauderei, sondern um einer Entscheidung willen, gerade zu ihm, gerade in dieser Stunde. Buber fragt: „Was erwarten wir, wenn wir verzweifeln und doch noch zu einem Menschen gehen?" Und er gibt zur Antwort: „Wohl eine Gegenwärtigkeit, durch die uns gesagt wird, dass es ihn dennoch gibt, den Sinn." Seit dieser Erfahrung, schreibt Buber, habe er jenes „Religiöse", das nichts als Ausnahme ist, Herausnahme, Heraustritt, Ekstase, aufgegeben, oder aber er wurde von dieser Art des Religiösen aufgegeben. Und so besitze er nichts mehr als den Alltag, aus dem er nie genommen werde. Abschließend sagt er: „Ich kenne keine Fülle mehr als die Fülle jener sterblichen Stunde an Anspruch und Verantwortung … Wenn das Religion ist, so ist sie einfach *alles*, das schlichte gelebte Alles in seiner Möglichkeit der Zwiesprache."[32]

Das Dilemma der kirchlichen Seelsorge tritt nach meiner Erfahrung vor allem dort auf, wo im Alltag zwischen Gott und Welt, zwischen sakral und profan, innen und außen, oben und unten genau definierte Grenzziehungen vorgenommen werden. Sehr schnell ergibt sich daraus natürlich die Alternative Psychotherapie *oder* Seelsorge. Wenn das Religiöse auf der einen Seite gesucht wird, kann es dieses auf der anderen Seite nicht geben.

In Bubers Erzählung besteht der schmerzliche Lernprozess gerade darin, erkennen zu müssen, dass mit dem, was wir Religion nennen, immer und überall zu rechnen ist. Wenn man das Religiöse einem besonders markierten Ort zuweisen wollte, wird es sich dort nicht einsperren lassen. So wird aus dem Religiösen nicht mehr die Ausnahme, sondern der Alltag. Und dieser Alltag ist sowohl für die Seelsorge als auch für die Psychotherapie das beruflich zu bestellende Feld. Je mehr sich die Seelsorge aus dem Alltag herausnimmt, umso mehr läuft sie Gefahr, die Menschen in ihrem tiefsten Kern und in ihrer konkreten Not nicht mehr zu erreichen. Aber auch eine Psychotherapie, die von vornherein alle Fragen der Religion aus dem therapeutischen Bereich verbannt, weil sie sich dafür nicht kompetent genug fühlt oder gar damit nichts zu tun haben will, muss sich fragen lassen, wie ernst es ihr wohl sein mag mit der bedingungslosen Akzeptanz ihrer Patienten und deren konkreter Not.

Sprache kommt aus „gesammelter Erfahrung"

Erfahrung ist ein singuläres Weltereignis. Was mir widerfährt, was ich und wie ich es erlebe, ist ganz und gar einmalig und im Grunde nicht mitteilbar. Ich kann davon berichten. Was andere dabei aber vernehmen und verstehen, muss mit dem, was ich erfahren habe, nichts oder nicht viel zu tun haben. Was uns als

Menschen fasziniert und aneinander interessiert, sind die Wege, die wir hinter uns haben, ist der persönliche Weg, den wir bisher gegangen sind, sind die „Erfahrungen", die wir gemacht haben. In diesen Erfahrungen sind wir im Grunde unsichtbar. Dorothee Sölle vermutet in ihrem Buch *Die Hinreise*,[33] dass das, was wir heute „Erfahrung" nennen, früher „Seele" geheißen hat. In jedem Fall ist die Seele unsichtbar wie die Erfahrung, aber gleichzeitig geht uns nichts so nahe wie sie. Wir können über Erfahrungen reden, aber sie mitteilen, mit anderen teilen, so, dass andere erfahren könnten, was wir erfahren haben, das können wir nicht. Gleichzeitig gibt es aber für den Menschen nichts Klareres als Erfahrungen. Wahrscheinlich sind die Erfahrungen das einzige Paradies, aus dem wir nicht vertrieben werden können. Wir geraten bei diesen Überlegungen wie von selbst auf das paradoxe Feld des Lebendigen. Romano Guardini[34] sagt in seiner Studie *Der Gegensatz. Philosophie des Lebendig-Konkreten*, dass das Lebendige sich nicht in Widersprüche verlieren darf, wohl aber logisch nicht nachvollziehbar sein muss. Wenn es dabei um eine Logik geht, dann ist es die Psycho-Logik, die Seelen-Logik, deren Gesetze zu ergründen und deren Wirkungen auf den konkreten Menschen zum Spannendsten gehört, was Menschen erforschen können. Guardini sagt: „Widersprechend darf das Verhältnis nicht sein. Wohl aber logisch nicht vollziehbar, denn es handelt sich um das Lebendige. Die große Versuchung für das Denken besteht gerade darin, diesen Knäuel von Unvollziehbarkeit glatt zu streichen, nach der rationalen oder nach der intuitiven Seite hin. Eben dies zu vermeiden, sehe ich als besondere Aufgabe. Wahrscheinlich muss ihre Erfüllung mit einem Rest von Unklarheit bezahlt werden."[35]

Was bedeutet das für das menschliche Miteinander, für unser familiäres und freundschaftliches Beisammensein, für jede Art des Austausches und miteinander Redens, was bedeutet das für die Sprache in der Religion?

In seinem kleinen Aufsatz *Vom Sinn der Gemeinschaft* versucht

Guardini die hier auftretende Spannung zu beschreiben: Wie oft glaube ich, sagt Guardini sinngemäß, einen anderen Menschen verstehen zu können und muss mir dann doch eingestehen, dass ich in Wahrheit sein Bild geformt habe nach dem meinen. Wo ich Motive zu durchdringen glaubte, habe ich tatsächlich solche unterlegt, und so habe ich den Anderen vereinfacht. „Mir kommt zu Bewusstsein, wie fremd wir nebeneinander gewesen sind, und glaubten doch in Wissen und Verstehen verbunden zu sein … Man merkt nicht, dass, was man Verstehen nannte, in Wahrheit Selbstbestätigung war."[36]

Gemeinschaft zu „verstehen" und zu fördern hieße daher in erster Linie, den Anderen anzuerkennen, ihn zu bejahen, nicht nur in seinem verständlichen Eigensein, sondern auch in seiner Fremdheit. Dem Anderen zuzugestehen: Im Letzten kann er vielleicht überhaupt nicht verstanden werden. „Alle Menschenbeziehung geht vielleicht wirklich aus einem Unbekannten in ein Unbekanntes."[37]

Das mag vielleicht auf den ersten Blick verwirrend klingen. Unverständlich ist es nicht. Im Gegenteil. Es ist einsichtig, aber wir sind es nicht gewohnt, uns mit solchen Einsichten zu befassen, weil sie uns schon sehr früh durch unsere Erziehung ausgetrieben wurden, weil wir von Kindesbeinen an darauf trainiert werden, solchen Gedanken und Gefühlen nicht nachzugehen und „die totale Versenkung in den äußeren Raum und die äußere Zeit für normal und gesund zu halten".[38] Dabei entwickeln wir eine eigenartige Angst, die wichtigste Sprache menschlicher Erfahrungen, die religiöse Sprache zu gebrauchen. Lieber verdrängen wir und verleugnen uns und vervielfachen so die eigene Sprachlosigkeit, als dass wir uns „ausgerechnet von der Religion das Hemd ausziehen lassen",[39] vermutet Dorothee Sölle. Die Sprache der Religion ist gesammelte Erfahrung, die lebendig nur dort wird, wo sie aus Erfahrung auf Erfahrung hin spricht. Seele, Erfahrung, Spiritualität und Sprache stehen so im engsten Zusammenhang und bedingen einander.

Offene Weite

Der chinesische Meister Yung-Chia Ta-Shih sagt: „Es ist nicht zu greifen, aber auch nicht zu verlieren. Es sucht sich seinen eigenen Weg. Wenn du schweigst, spricht es, wenn du sprichst, ist es taub. Kein Hindernis – das große Tor der Liebe ist weit geöffnet."[40] Die Nagelprobe für die religiöse Sprache besteht in dieser liebevollen Offenheit. Schon ihr Klang verrät, aus welcher Intention sie kommt.

Ein Zen-Meister antwortet auf die Frage, was das Wesentliche seiner Lehre sei: „Offene Weite. Nichts Heiliges."[41] Diese Offenheit und diese Weite zu finden, in sich selber und dem ganzen Kosmos, ohne vorgefasste Gedanken, Meinungen und Vorstellungen, darum geht es im Zen. Nur da zu sein in aller Offenheit und Weite, darin liegt das Wesen der Spiritualität und der religiösen Sprache. Zu keinem Nutzen und zu keinem Zweck, aber sinnvoll und erfüllend. Hier rührt die Spiritualität an Psychotherapie und Seelsorge. Offene Weite, nichts Heiliges, also nichts Ausschließendes und nichts Einengendes, einfach da sein und gewähren lassen in der Zuversicht, dass tief im Inneren gespürt und dann gesagt werden kann, was die Seele braucht. Darin sehe ich den einzig verlässlichen Gradmesser religiöser Glaubwürdigkeit, die dabei wie von selbst zur Grundhaltung in Psychotherapie und Seelsorge führt. Genau hier und hier zuallererst und wie sonst nirgends finden Psychotherapie und Seelsorge ihren innersten gemeinsamen Kern.

Eine jesuanisch-therapeutische Gestalt des 17. Jahrhunderts ist der Philosoph, Arzt, Priester und Mystiker Johann Scheffler (1624–1677). Zunächst lutherischen Glaubens studierte er Medizin und Staatsrecht in Strassburg, Leiden und Padua, wo er 1648 zum Doktor der Philosophie und Medizin promoviert wurde. 1653 konvertierte er zum katholischen Glauben und nahm den Namen Angelus Silesius an. Er verschenkte sein ganzes Vermögen nach und nach an Arme, wurde katholischer Priester, rettete in Not geratene Familienväter vor dem Schuldturm, kurierte als Arzt mittellose Patienten ohne Honorar und führte seelsorgliche Gespräche auch mit Protestanten und Freigeistern. Ein ihm zugeschriebenes Wort lautet: „Die Ros' ist ohn' warum, sie blühet, weil sie blühet; sie acht nicht ihrer selbst, schaut nicht ob man sie siehet."

Mahatma Gandhi (1869–1948), der hervorragendste politische und geistliche Führer Indiens, eifriger Vischnuite, berühmt für seine Hochachtung vor anderen Religionen, soll von christlichen Missionaren gefragt worden sein, was sie denn tun müssten, damit die Hindus die Berpredigt verstünden. Gandhi soll ihnen geantwortet haben: „Denken Sie an das Geheimnis der Rose. Alle mögen sie, weil sie duftet. Also duften sie!"

Ganz egal, in welche Religion wir schauen: Spirituelle Menschen mit religiöser Erfahrung sind im Herzen meistens weit, gelassen und liebevoll. Ihr eigentliches Erlebnis aber, die persönlich gemachte religiöse Erfahrung, bleibt einmalig und ist letztlich nicht in Worte zu fassen.

„Unerschrocken auf das schauen, was sich zeigt."
Walter Melcher, 1990, „Pan, der Gott der Hirten",
46 x 48 cm, Graphitstift auf Papier

„Das Leben meldet sich zurück …"
Julian Taupe, 1991, „Der Vorhang lüftet sich",
Öl auf Leinwand, 70 x 50 cm

„Nicht mehr aufs Kreuz gelegt und angenagelt sein."
Werner Hofmeister, 2000, „springboard", 42,5 x 12 cm

Sezierkurs oder Abendmahl?
Albert Paris Gütersloh, Prosekturszene

53

56

Die „Grammatik" des Betens

Den persönlichen Ausdruck dieser Erfahrung nennen wir im religiösen Kontext „beten". Wenn das Wort im Alltag fällt, beobachte ich fast durchwegs persönliche Betroffenheit und Scheu, es in den Mund zu nehmen. Es löst entweder spontane Erinnerung an eine Praxis aus, die einmal kostbar gewesen sein mag, aber vergessen wurde, oder aber wir werden dadurch an Zeiten von äußerer Ordnung erinnert, in denen die Frage nach der Leidenschaft des Herzens nicht vorgesehen war.

Die Grammatik des Betens ist von allen anderen menschlichen Kommunikationsformen nicht zu unterscheiden. Beten und miteinander ins Gespräch kommen ist nicht voneinander zu trennen. Man kann und muss sie natürlich, was den Adressaten betrifft, unterscheiden, aber es geschieht in derselben „Grammatik" menschlicher Grundäußerungen. Wenn wir uns mitteilen, tun wir es durch Bitten, Danken, Staunen, Loben, Klagen, Tadeln, Fluchen, Segnen, Singen, Schweigen, es geschieht in den 10 Grundäußerungen der menschlichen Stimme, die wir später noch genauer betrachten werden. Das ganze Register unserer Möglichkeiten schöpfen wir aus, im Gespräch unter vier Augen, im Familien- und Freundeskreis, im kirchlichen Raum genauso wie in der Therapie. Je gründlicher wir die Bereiche auseinanderhalten, umso besser mag es sein. Wenn wir sie aber klinisch voneinander trennen, geraten wir in die Gefahr, das innerlich Erfahrene draußen zu lassen, etwa weil wir glauben, dass Religiöses nichts in der Therapie und Therapeutisches nichts in der Religion verloren hätte. Auf der Strecke bleiben Patienten, Glaubende und Suchende.

In einer institutionell vermittelten religiösen Sprache besteht immer die Gefahr, dass damit die Unmittelbarkeit verloren geht, weil jemand glaubt, uns sagen zu müssen, wie es zu gehen hätte. „Was sagst du da? Das ist ja kein Gebet. So betet man nicht", sagt der Pfarrer von Maria Wörth zum Halterbuben. Ein betender Mensch ist ein Bittender, Dankender, Lobender,

Staunender, aber auch, wie uns die Propheten der hebräischen Bibel zeigen, ein Klagender, Schimpfender und Fluchender. Diese Seite der religiösen Sprache wird aus Respektsgründen (wem gegenüber eigentlich?) gerne ausgespart. Betende Menschen sind immer wieder einmal ganz weg, außer sich, „verrückt", in einer anderen Welt. Gleichzeitig sind sie in solchen Augenblicken ganz bei sich. „Nie ist der Mensch so da wie dann, wenn er ganz weg ist", sagt Jörg Splett. Aber Menschen sind auch verrückt vor Schmerz und Leid und wissen nicht mehr ein noch aus. Wohin dann mit den Tränen und der Last des Leides? Auch dafür muss es eine Sprache geben. Elie Wiesel erzählt: „Bei einem Nachbarn des Rabbi Mosche Löb waren mehrere Kinder nacheinander im zarten Alter gestorben. Die Mutter vertraute eines Tages ihren Kummer der Frau des Zaddiks an: ‚Was für ein Gott ist denn der Gott Israels? Er ist grausam und nicht barmherzig. Er nimmt, was er gegeben hat.' ‚Du darfst nicht so reden', sagte die Frau des Zaddik, ‚so darfst du nicht reden. Die Wege des Himmels sind unergründlich. Man muss lernen, sein Schicksal anzunehmen.' In diesem Augenblick erschien Rabbi Mosche Löb auf der Türschwelle und sagte der unglücklichen Mutter: ‚Und ich sage dir, Frau, man muss es nicht annehmen! Man muss sich nicht unterwerfen. Ich rate dir, zu rufen, zu schreien, zu protestieren, Gerechtigkeit zu fordern, verstehst du mich, Frau? Man darf es nicht annehmen!'"

Jeder Mensch entwickelt seine eigene Sprache, in ihr spiegelt sich das Erfahrene auch und vor allem in der Religion. In ihr ereignet sich der Widerhall des Lebendigen. Klingt in unserer Sprache nichts davon an, müssen wir vermuten, dass sie nicht mit unserem inneren Erleben übereinstimmt, dass sie sich loslöst vom Leben, zwischen Himmel und Erde schwebt und die Menschen eher verwirrt als motiviert. Prinzipiell Richtiges wird nicht wahrer, wenn es glaubt, auf Erfahrung verzichten zu können.

Theresia Oblasser ist Bergbäuerin aus Taxenbach. Durch Schreiben versucht sie aus der Sprachlosigkeit herauszukommen. Ihr Text ist ein Stück in die Sprache gekommener Spiritualität, das Dokument eines gelassenen, weisen, und humorvollen, im besten Sinne des Wortes gläubigen Menschen:

Glauben[42]

Ich bin ein gläubiger Mensch.
Meistens glaube ich, was ich höre.

Den Politikern glaube ich wenig
den Lehrern nicht immer
Zeitung nicht jeder
gute Nachrichten gern.
Warnungen lieber nicht
Versprechen zu oft
dem Schönwetterbericht
bis ich nass bin.
Meinem Mann meistens
dem Dorfklatsch kein Wort.

Ich glaube nicht, dass ich alles weiß
immer recht habe
mich nie irre.

Ich glaube den Märchen und Phantasien
den Träumen und Ahnungen.
Ich glaube an unsichtbare Wirklichkeiten
und an die Trotzmacht des Geistes.
Ich glaube an Gott
und ich glaube, dass Gott an mich glaubt.

Zeichen - Sprache

Beim Einrichten meiner Praxis war ich sehr darauf bedacht gewesen, meine Patienten mit Symbolen des christlichen Glaubens nicht zu überfordern. Ich hatte sie, ohne sie noch zu kennen, in einer Art vorauseilender Zwiesprache mit ihnen in die

Gestaltung meiner Räume mit einbezogen. Gleichzeitig war es mir wichtig gewesen, den christlichen Hintergrund meines Lebens nicht zu verstecken. Und so gibt es in meiner Praxis ein einziges Kunstwerk mit einem eindeutig religiösen Kontext, freilich aus einer ungewöhnlichen Perspektive, die manche verärgert, einige erstaunt, von kaum jemanden aber nicht beachtet wird: Der Künstler Werner Hofmeister[43] hatte zunächst für die 4. Klasse einer Volksschule, also für Schüler kurz vor dem Absprung in eine andere Lebenserfahrung, eine Skulptur geschaffen, die den Gekreuzigten am oberen Rand des Längsbalkens als Abspringenden zeigt. Auf dem Querbalken steht das Wort „springboard" – „Sprungbrett" oder wie in der monumentalen Ausführung des Werkes am Fuß des Grazer Kalvarienberges: „tabula saltandi" – „Tanzboden". Kein anderes Kunstwerk bezeichnet für mich den besseren gemeinsamen Nenner zwischen Psychotherapie und Seelsorge. In beiden Bereichen geht es um die andere Perspektive des Lebens, letztlich geht es um „Auferstehung", um die Befreiung aus der Erfahrung des „Aufs-Kreuz-gelegt-und-angenagelt-Seins", es geht um den Abschied aus zu großer Abhängigkeit und Fessel, um die Ermunterung im Sinne von Augustin von Hippo: „Mensch, lerne tanzen, damit die Engel im Himmel an dir ihre Freude haben!" Patienten sprechen mich in der ersten Begegnung nicht selten auf dieses ungewöhnliche Kunstwerk an. Und in einem Fall ist eine Patientin nach den ersten Augenblicken der Begegnung aufgestanden und hat die Praxis wieder verlassen. Der Anblick des Gekreuzigten aus dieser anderen Perspektive hatte in ihr, wie sie mir im Weggehen sagte, den Verdacht der Gotteslästerung geweckt.

Erwin Ringel hatte immer wieder darauf hingewiesen, dass christliche Kirchen in ihrer künstlerischen Gestaltung viel zu vordergründig und zu oft das Kreuz in den Mittelpunkt stellen würden, aber viel zu selten die Erlösung, die Auferstehung, die Befreiung zum Thema hätten. Als Erwin Ringel dann am 28. Juli 1994 in Kärnten verstorben war, lag er aufgebahrt bis zu seiner Überführung nach Wien in der Aussegnungshalle in Spittal an der Drau. Auf der Stirnseite der Halle ein mächtiger Wandteppich[44] in leuchtenden Farben. So hätte es ihm gefallen.

Protokoll eines leider nicht gehaltenen Vortrages

Am Beginn einer Lehranalysestunde bei Erwin Ringel fiel mir ein neues Bild an der Wand des Therapieraumes auf. Ich stellte die Frage, ob das kleine Kunstwerk eine Art „Letztes Abendmahl" darstelle. „Großartig, Mettnitzer!", rief Ringel, rieb sich, wie bei solchen Gelegenheiten oft, die Hände und sagte: „Wenn wir mit der Lehranalyse fertig sind, müssen wir unbedingt über dieses Bild gemeinsam einen Vortrag halten!" Dazu ist es zu Lebzeiten Ringels nicht mehr gekommen.

Was stellt dieses Bild von Albert Paris Gütersloh[45] dar? Ist es eine Prosekturszene oder ein Abendmahl? Sezierkurs oder Gottesdienst? Was mag mich damals veranlasst haben, so schnell zu wissen, was das Bild zeigt? Psychologen sprechen von der selektiven Wahrnehmung, Alfred Adler noch komplizierter von der „tendenziellen Apperzeption". Gemeint ist damit, dass wir zunächst das sehen, was uns vertraut ist. So suchen wir ja oft und unversehens nicht das Neue, das unseren Horizont erweitern könnte, sondern im Neuen das Vertraute. Und wenn wir nicht Acht geben, verkürzen wir das Neue auf die Dimension des Vertrauten und bringen uns dadurch um den weiteren Horizont: Mir erschien damals der ausgestreckte Körper auf dem Tisch auf den ersten Blick als ein vom Kreuz abgenommener Leichnam Jesu. Ein Christus ohne Hände, wie es einige Kreuzesdarstellungen zeigen. Und dann das liturgisch-priesterliche Szenario: drei in goldene Gewänder gehüllte Konzelebranten; die beiden Figuren links und rechts in einer eigenartigen urchristlich anmutenden Gebetshaltung, wie sie uns aus frühchristlichen römischen Katakomben bekannt sind.[46] Die mittlere Gestalt scheint mit einer Art „Fußwaschung" beschäftigt zu sein und/oder sich in Unschuld die Hände zu waschen; der Jüngerkreis auf die Hälfte dezimiert, nicht zwölf, sondern sechs Personen sitzen im Kreis; ein Kommentar des Künstlers zur teils drastischen Verringerung kirchlicher Mitglieder? Die Runde auf der Kirchenbank, jede Figur in anderer Hände- und Körperhaltung, ist in unterschiedlicher Art präsent: verinnerlicht, gespannt, abwesend, verkrampft, interessiert und neugierig, ablehnend und angewidert mit Gänsehaut und zu Berge stehenden Haaren …

„Couch und Altar. Erfahrungen aus Psychotherapie und Seelsorge" wären ein treffliches Thema gewesen, hätte ich Gelegenheit gehabt, gemeinsam mit Erwin Ringel über dieses Bild zu sprechen. Ringel hätte dabei wie sonst auch so oft mit besonderer Leidenschaft von den Berufungen des Arztes und des Seelsorgers gesprochen und die in beiden Berufen blühende „déformation professionelle" gegeißelt, das Vergessen einer ganzheitlichen Betrachtung des Menschen, der in erster Linie als Mensch wertgeschätzt werden müsse. Arzt und Seelsorger werden unverhofft oft zu blinden Grenzgängern und irgendwie skurrile „Eigenbrötler"; auf der Suche nach dem, was dem Menschen „fehlt", bleiben sie Skeptiker: Der eine misstraut der Physik, der andere der Metaphysik. Der eine wiegt und misst, der andere definiert und dogmatisiert. Der *Atlas der Anatomie des Menschen* und die kirchliche Dogmensammlung sind zwei „Berufs-Bibeln" mit Unschärfe, das Eigentliche bleibt darin ungesagt.

In seiner berühmten Rede zur österreichischen Seele beklagt Ringel eine vielfach erschreckende Welt, „die Materielles an die Stelle von Gefühl und Seelischem, die Organisation, also Versachlichung, an die Stelle von Ideen gesetzt hat, … die Erfolg und Technik vergötzt, und den Menschen dabei unter die Räder kommen läßt, … die Feindschaft mehr fördert als Solidarität".[47] In einer so versachlichten Welt bleiben für Ringel auch die Medizin, die Psychologie und die Religion weit hinter ihrem Anspruch zurück: „In der Medizin ist an die Stelle der partnerschaftlichen Arzt-Patienten-Beziehung die unpersönliche Durchuntersuchung getreten, in der Psychologie dominieren Fremdheitsgefühl erzeugende Fragebögen und Tests; in der Religion ist es genauso. Die Worte des verstorbenen Kardinal Wyszynski[48] klingen zwar sehr schön, sie warten aber bis zum heutigen Tag weitgehend auf Erfüllung: ,Wir müssen wieder die Pharisäer und die Schriftgelehrten aus dem Tempel vertreiben, Abschied nehmen von theoretischen Spielereien, wieder zu einem Glauben finden, der nicht von der Ratio beherrscht ist, sondern von der Liebe Gottes zu den Menschen, die zur Liebe der Menschen untereinander werden soll'."[49]

Erwin Ringel ist in erster Linie Psychotherapeut gewesen und hat dabei dem Arzt und dem Seelsorger aufzuzeigen versucht, wie viel Hilfestellung aus der Psychotherapie beiden helfenden Berufen zukommen könnte. Seit den Anfängen seines wissenschaftlichen Arbeitens hat er auf die Bedeutung eines angstfreien Miteinanders von Arzt und Seelsorger hingewiesen. Ärzte und Seelsorger sollten nicht Götter in weißen Mänteln oder schwarzen Talaren sein. Als „Anwälte des Menschen" müsse es ihr oberstes Gebot sein, ihre leidenden und hilfesuchenden Mitmenschen „wahr" zu nehmen, zwischen den Zeilen lesen und hinter den Worten hören zu können. Um es mit Alfred Adler zu sagen, sie müssten fähig sein, „mit den Augen eines anderen zu sehen und mit dem Herzen eines anderen zu fühlen". In diesem Sinne wollte Ringel gegenseitige Ängste abbauen und eine Koalition heilender Kräfte zuwege bringen. Gerne hätte ich darüber mit Erwin Ringel gemeinsam öffentlich gesprochen.

2. Freud, Adler, Ringel und die Religion

Sigmund Freud und „die Erziehung zur Realität"

Im Jahr 1842 schlossen vier aufstrebende Naturwissenschaftler (Emil Du Bois-Reymond, Ernst Brücke, Hermann Helmholtz, Carl Ludwig) einen „Freundschaftsbund" und unterfertigten mit ihrem Blut den folgenden Pakt: „Wir haben uns verschworen, die Wahrheit geltend zu machen, dass im Organismus keine anderen Kräfte wirksam sind als die gemeinen physikalisch-chemischen."[50] Helmholtz entdeckte den Ursprung der Nervenfasern aus den Ganglienzellen, Brücke wurde der Lehrer Freuds in Wien, der sich seinerseits als „gottlosen Mediziner"[51] bezeichnete.

Der Freundschaftspakt seines Lehrers skizziert das Umfeld einer religionskritischen, naturwissenschaftlich orientierten Atmosphäre, in der Sigmund Freud seine Studien betreibt. Bis zum heutigen Tag ist dieses Umfeld Grund für nachhaltige Vorurteile, die mehr mit Ängsten vor dem Unbekannten als mit sachlichen Argumenten zu tun haben. Viele dieser Vorurteile kommen aus einer nicht ungefährlichen Vermischung von Methode und Weltanschauung. Freud hat etwa in seiner Schrift *Die Zukunft einer Illusion*[52] (1917) die Hilflosigkeit der Menschen, ihre Vatersehnsucht und daraus resultierend die Funktion ihrer Götter beschrieben. Die Götter hätten demnach eine dreifache Aufgabe: die Schrecken der Natur zu bannen, die Menschen mit der Grausamkeit des Todes zu versöhnen und sie für die Leiden und Entbehrungen zu entschädigen, die ihnen durch das kulturelle Zusammenleben auferlegt werden. Aber bei solchen Fragen handelt es sich um Weltanschauungen und nicht um wissenschaftlich Erwiesenes.

Vielleicht, vermutet Erwin Ringel, hätte Freud seiner eigenen Wissenschaft einen besseren Dienst erwiesen, wenn er seine Weltanschauungsfragen in den wissenschaftlichen Erörterungen weggelassen hätte.[53] Freud selbst gesteht 1935 in der Nachschrift zu seiner Selbstdarstellung in *Die Zukunft einer Illusion*, dass er die Religion darin hauptsächlich negativ dargestellt und erst später die Formel gefunden hätte, die ihr „bessere Gerechtigkeit" erweist: Ihre Macht beruhe auf ihrem Wahrheitsgehalt, aber diese Wahrheit sei keine materielle, sondern eine historische.[54]

Wer Freuds Schriften zur Religionskritik liest – vor allem *Zwangshandlungen und Religionsübungen* (1907), *Totem und Tabu* (1913), *Die Zukunft einer Illusion* (1917), *Das Unbehagen in der Kultur* (1930) und *Der Mann Moses und die monotheistische Religion* (1937) – muss erstaunt sein über das leidenschaftliche Interesse an der religiösen Thematik. Aber trotzdem sind Freuds Ansichten und die Grenze seines Sehens aus theologischer Sicht noch kein Grund, die Analyse und Therapie von Freud und seiner Schule abzulehnen. Freuds Therapie abzulehnen, nur weil er sich selbst als agnostischen Juden sieht, dem das Religiöse völlig fremd war, und in der Folge gegen alles zu sein, was mit Psychologie zu tun hat, wäre zu billig. Das führt zu einer Blindheit, die zur Selbstschädigung werden kann. Paulus rät den Thessalonichern: „Alles aber prüft; was gut daran ist, behaltet."[55] Freud selbst sagt von seiner Methode: „In Wirklichkeit ist die Psychoanalyse eine Forschungsmethode, ein parteiloses Instrument, wie etwa die Infinitesimalrechnung."[56] Freud war es nicht um die Zerstörung der Religion gegangen. Er war, wie seine Lehrer auch, Naturwissenschaftler. Und so interessierte sich Freud in seiner Analyse der „Religion des kleinen Mannes" nicht in erster Linie für Religion, sondern dafür, welche Auswirkungen von Religion am Einzelnen zu beobachten waren, was Religion an Menschen bewirken und aus Menschen machen kann. Sein Befund im Wien um 1900 war wenig ermutigend und durchaus erschütternd.

Es ging Freud in seinen Schriften nicht um Religionskritik abgelöst von konkreten menschlichen Erfahrungen. Im Mittelpunkt seiner Forschung steht die (negative) Wirkung der Religion auf den Menschen. Wo Freud auf positive Wirkungen stößt, steht er nicht an, diese anzuerkennen, wenngleich er dann bemüht ist, sie naturwissenschaftlich zu erklären. Bereits 1890 schreibt er in seiner Schrift *Psychische Behandlung (Seelenbehandlung)*, dass positive Gedanken des Patienten im Sinne einer aufgeschlossenen Erwartungshaltung wesentlich zur Gesundung beitragen könnten. Einen Sonderfall dieser Mitarbeit des Patienten beim Heilungsprozess sehe er in der „gläubigen Erwartung".[57] Diese hoffnungsvolle und *gläubige Erwartung* sei eine wirkende Kraft, mit der strenggenommen bei allen Behandlungs- und Heilungsversuchen zu rechnen wäre. Am greifbarsten werde aber der Einfluss der *gläubigen Erwartung* bei den sogenannten Wunderheilungen. Diese Heilungen ohne Mitwirkung ärztlicher Heilkunst würden bei Gläubigen unter dem Einfluss von Veranstaltungen erfolgen, welche geeignet wären, die religiösen Gefühle zu steigern. „Es wäre bequem, aber sehr unrichtig", schreibt Freud, „wenn man diesen Wunderheilungen einfach den Glauben verweigern und die Berichte über sie durch Zusammentreffen von frommem Betrug und ungenauer Beobachtung aufklären wollte. Sooft dieser Erklärungsversuch auch recht haben mag, er hat doch nicht die Kraft, die Tatsache der Wunderheilungen überhaupt wegzuräumen. Diese kommen wirklich vor, haben sich zu allen Zeiten ereignet und betreffen nicht nur Leiden seelischer Herkunft, … sondern auch ‚organisch' begründete Krankheitszustände, die vorher allen ärztlichen Bemühungen widerstanden hatten."[58]

Freud ging es um die Lösung von Fixierungen in kindlicher Abhängigkeit mit dem Ziel der größtmöglichen Eigenverantwortung. Freuds Hoffnung in der *Zukunft einer Illusion*, es möge der Menschheit ein besserer Bewusstseinszustand geschenkt werden als die Perpetuierung infantiler Dauerstellungen, ständig gehorsamer Servilität und schwerer Einschränkungen im Denken und Gefühlsbereich, lässt sich auch heute noch als humanes Postulat unverändert wiederholen.[59] Für den von solchen Abhängigkeiten frei gewordenen Menschen mag es schwierig sein, seine ganze Hilflosigkeit, seine Geringfügigkeit im Getriebe der Welt einzugestehen und nicht mehr, wie das abhängige Kind, der Mittelpunkt der Schöpfung und nicht mehr das Objekt zärtlicher Fürsorge einer gütigen Vorsehung zu sein. „Er wird in derselben Lage sein wie das Kind, welches das Vaterhaus verlassen hat, in dem es ihm so warm und behaglich war. Aber … der Mensch kann nicht ewig Kind bleiben, er muss endlich hinaus ins *,feindliche Leben‘*."[60] In dieser „Erziehung zur Realität"[61] sieht Freud die einzige Absicht seiner religionskritischen Schriften.

Eine solche Kritik findet sich, wie wir im ersten Kapitel gesehen haben, schon in der Bibel im Buch Ijob. Ijob und Freud sind sich in ihrer Kritik darin einig, dass ein naiv-archaisch-moralisierender Gott ein Götze ist, der den Menschen nicht erlösen und befreien will, sondern ihn dazu verdammt, ewig Kind zu bleiben.

Peter Schellenbaum beurteilt die Freudsche Religionskritik so: „Freud sah im Gottesbild nichts anderes als ein übermächtiges verinnerlichtes Vaterbild: Das ist die Grenze seines Sehens. Aber Dank diesem einseitigen Negativbild Gottes nahm er in großer Schärfe das positive Bild eines von nicht mehr passenden Abhängigkeiten freien Menschen wahr. Nur diesem galt seine Leidenschaft, nicht der Zerstörung des Gottesbildes um der Zerstörung willen. Freud steht damit in der Tradition des alttestamentlichen Gesetzes: ,Du sollst dir kein Bildnis machen‘, hatte er doch, wie die Juden der Königszeit bei Baal-

Anbetern das Bildnis, das Gottesbild, nur als Verfremdung des Menschlichen kennengelernt."[62]

Oskar Pfister

Im Leben Sigmund Freuds gab es nur einen Mann, mit dem er drei Jahrzehnte hindurch befreundet war. Dr. Oskar Pfister (1873–1956),[63] protestantischer Pfarrer und Psychologe in Zürich, war seit 1909 bis zum Tode Freuds 1939 mit diesem im regen Briefwechsel und ihm freundschaftlich verbunden. Schon als junger Seelsorger protestierte Pfister in einem Aufsatz gegen die „Unterlassungssünden der heutigen Theologie gegenüber der Psychologie".[64] Sein Freund, Pfarrer Hans Pfenninger, schreibt über ihn: „Als Vertreter eines freien Christentums war er allem Dogmenzwang feind, aber denen, die infolge innerer Bindung an Dogmen festhalten mußten, begegnete er mit größtem Verständnis und in aller Liebe …".[65]

Pfister war 1908 auf Forschungen von Sigmund Freud gestoßen und hatte darin das Instrument gefunden, das er schon lange gesucht hatte. Durch Freuds Erkenntnisse fühlte er sich in die Lage versetzt, den Menschen, denen er als Seelsorger zuvor nicht genügend helfen konnte, nun auf andere Weise beizustehen.[66] In den protestantischen Monatsheften hatte er einen Aufsatz mit dem Titel *Psychanalytische [sic] Seelsorge und experimentelle Moralpädagogik*[67] verfasst. Ein komplizierter seelsorglicher Fall hatte den Autor „gezwungen", wie er schreibt, seine „psychiatrischen Studien wiederaufzunehmen und besonders der modernen Neurosenforschung"[68] seine Aufmerksamkeit zuzuwenden. Gleich zu Beginn seiner Arbeit schreibt Pfister: „Die praktische Theologie als wissenschaftliche Disziplin, ja die gesamte Theologie hat noch selten eine derartige Bereicherung ihrer Methodik erfahren, wie sie ihr durch Sigmund Freuds Psychologie zuteil wird. Nicht nur die Seelsorge am gemütskranken Menschen, sondern auch die Seelsorge im weitesten Sinne, die Pflege der religiös-sittlichen Gesundheit gewinnt durch die Arbeit des großen Wiener Psychiaters eine Fülle neuer Ziele und mannigfacher Mittel."[69] Diese Mittel müssten der Seelsorge *und* der Medizin zur Verfügung stehen, um die Verantwortung für die ihnen anvertrauten Menschen besser wahrnehmen zu können.

Für Pfister ist klar, dass der Seelsorger dort, wo ernste körperliche Schäden auftreten, immer zuerst der Arzt eine Untersuchung wird vornehmen müssen, da der Seelsorger sehr oft nicht voraussagen könne, ob er eine seelisch verursachte oder eine organisch bedingte Krankheit vor sich hat. Aber auch Ärzte seien diesbezüglich aus der Sicht Pfisters einseitig und nicht gründlich genug geschult: „Leider werden allerdings viele materialistisch geschulte, der Psychanalytik unkundige Ärzte unzählige Male ein Leiden physiologisch beurteilen und behandeln, das auf Verdrängung beruht. Man erlebt in dieser Hinsicht unglaubliche Dinge. Selbst Blinddarm-, Uterus- und Magenoperationen werden vorgenommen, wo es sich um ein psychanalytisches sicher festzustellendes und zu beseitigendes hysterisches Leiden handelt."[70]

Sofern sich ein Pfarrer in den Schranken der Seelsorge bewege, werde kein Arzt dagegen prinzipiell Widerspruch erheben können. Es komme schließlich darauf an, dass der Mensch gesund werde, ob nun der Arzt oder der Seelsorger ihn heile, sagt Pfister, weiß aber aus Erfahrung, auf welch schwieriges Feld er sich damit begibt. „Oft ist der Pfarrer an Menschenkenntnis dem Arzt überlegen, oft steht er ihm nach ... Wo es sich nur um ein psychisches Trauma ohne religiös-ethische Läsionen handelt, kommt der Pfarrer überhaupt nicht in Frage. Der Krankheit kann man dies aber nicht ansehen. Ich habe z. B. sogar bei Schreibkrampf ethische Krankheitsursachen gefunden und deswegen den Fall auf Wunsch eines Psychiaters in Behandlung genommen."[71]

Diese kurze Skizzierung des seelsorglichen Alltags durch Pfister und sein kritischer Blick in die Alltagsmedizin seiner Umgebung zeigt schon 1909, wie aus seiner Sicht Psychotherapie, Seelsorge und ärztliche Betreuung miteinander arbeiten könnten bzw. wo die jeweiligen Grenzen liegen. Am Schluss seines Aufsatzes betont Pfister: „Wir müssen bessere Seelsorger werden, die für das Leiden der Mühseligen und Beladenen nicht nur ein warmes, von der Liebe zu Gott und dem Nächsten erfülltes Herz haben, … , sondern auch das wissenschaftliche Rüstzeug, das zur Befreiung von jenen Nöten oft geradezu unerlässlich ist. Die Psychanalytik ist es einzig und allein, die uns in zahllosen Fällen in den Stand setzt, neurotisch belastete und gequälte Personen zu gesunden, frohen Menschen zu machen. Sie öffnet uns auch über die rätselhaften Handlungen normaler Individuen überaus oft die Augen und hilft uns, sie vor schwerem Schaden zu bewahren."[72]

Was hier ein protestantischer Pfarrer in der Enstehungszeit der Psychoanalyse schreibt, stellt eine mutige, aufgeschlossene und auch innerhalb der Evangelischen Kirchen nicht unumstrittene protestantisch-theologische Meinung dar. In der katholischen Theologie und Seelsorge dieser Zeit sucht man vergebens nach einer vergleichbaren Position. Die katholische Theologie in ihrer Gesamtheit stand im ersten Jahrzehnt des vorigen Jahrhunderts noch ganz im Zeichen des Ersten Vatikanischen Konzils (1869–1870). Dieses Konzil verkündete 1870 ein Lehrdokument über den katholischen Glauben und den päpstlichen Jurisdiktionsprimat. Die Lehre von der Unfehlbarkeit des Papstes wurde definitiv zum Dogma erhoben. Ziel dieser Anstrengungen sollte die Abwehr moderner Irrtümer sein. Allen wissenschaftlichen Neuerungen stand die Kirche deshalb skeptisch gegenüber. Ein katholischer Theologe musste im sogenannten „Anti-Modernisteneid" schwören, sich in Unterricht und Forschung dem Lehrgebäude des Thomas von Aquin verpflichtet zu wissen und den „Index" der von der Kirche verbotenen Bücher zu respektieren. Das führte zunächst zu heftigen Streitigkeiten auch innerhalb der Theologie, zum Ausscheiden führender Theologieprofessoren und zur Gründung der Altkatholischen Kirche. Darüber hinaus gab es in Deutschland scharfe Angriffe seitens des Staates und anderer christlicher Konfessionen, die von einem starken weltanschaulichen Liberalismus geprägt waren. Im katholischen Deutschland wuchs auf diesem Hintergrund die Pflicht und Notwendigkeit des „sentire cum ecclesia", die Verpflichtung des Gläubigen, sein Denken und Fühlen nach den Vorgaben der Kirche auszurichten. Die dabei erhobene Forderung der Treue zu Rom und dem Papst erfuhr eine engherzige und oft rigorose Interpretation. Die Folge war eine deutlich spürbare Furcht vor dem Beschreiten neuer Wege. Es war daher ausgeschlossen und völlig undenkbar, dass ein katholischer Theologe oder Seelsorger in einem solchen Klima das Gespräch mit der Psychoanalyse hätte suchen können. Ein Historiker urteilt über diese Zeit: „Auf die Verpflichtung gegenüber einem bestimmten Lehrsystem, auf die Ablehnung der modernen Philosophie, die Überbewertung bloß kirchenamtlicher Entscheidungen, die unbedingte Verteidigung kirchlicher Maßnahmen und Entwicklungen hat man in der zweiten Hälfte des 19. Jahrhunderts bis weit ins 20. Jahrhundert hinein eine Kraft verwendet, die größerer Aufgaben wert gewesen wäre."[73]

Zwei Aspekte sind in dieser frühen Diskussion bemerkenswert: Erstens: Ein Gedankenaustausch ist eine Bereicherung für beide Seiten.

Der Briefwechsel zwischen Sigmund Freud und Oskar Pfister (beginnend mit Jänner 1909 bis zum Tod Freuds) ist ein erstmaliger und eindrucksvoller Beleg dafür, dass Psychotherapie und Seelsorge einander viel zu sagen hätten. Vielleicht liegt auch gerade darin das Geheimnis einer langen Freundschaft zweier sehr unterschiedlicher Männer.

Freud schreibt an Pfister: „An sich ist die Psychoanalyse weder religiös noch religionslos, sondern ein unparteiisches Instrument, dessen sich der Geistliche wie der Laie bedienen kann, wenn es nur im Dienste der Befreiung Leidender geschieht. Ich bin sehr frappiert, dass ich selbst nicht daran gedacht habe, welch außerordentliche Hilfe die Psychoanalytische Methode der Seelsorge leisten kann; aber es geschah wohl, weil mir als bösem Ketzer der ganze Vorstellungskreis ferne liegt."[74]

In seinem ersten Brief an Pfister schreibt Freud: „Ich muss noch meiner Befriedigung darüber Ausdruck geben, dass unsere psychiatrischen Forschungen bei einem Seelsorger Aufnahme gefunden haben, dem der Zugang zu so viel Seelen Jugendlicher und vollwertiger Individuen freisteht. Wir pflegen unserer Psychoanalyse halb scherzhaft, doch eigentlich auch im Ernst vorzuwerfen, dass sie eines Normalzustandes bedarf, um ihre Anwendung zuzulassen, und dass sie an den organisierten Abnormitäten des Seelenlebens eine Schranke findet, sodass sie eigentlich das Optimum ihrer Bedingungen dort antrifft, wo man sie nicht braucht, beim Gesunden, und nun sollte ich meinen, dass dieses Optimum unter den Verhältnissen, in denen sie wirken, realisiert wird."[75]

Zweitens: Die Differenz der Anschauung ist nur eine „nützliche Variation".

Bei Freud lässt sich hier ein durchaus „neidvoller" Seitenblick auf die Seelsorge ausmachen. Im seinem zweiten Brief an Pfister vom 9. Februar 1909 schreibt Freud: „Der Dauererfolg der Psychoanalyse hängt gewiss vom Eintreffen zweier Ausgänge ab: Der Befriedigungsabfuhr und der Bewältigung und Sublimierung des störrischen Triebes; wenn es uns zumeist nur mit dem ersten glückt, so liegt dies zum großen Teil am Material: Seit langer Zeit schwer leidende Menschen, die vom Arzt sittliche Hebung nicht erwarten, oft minderwertiges Material. Bei Ihnen Jugendliche, in frischen Konflikten befindliche Personen, die auf Ihre Person eingestellt, zur Sublimierung, und zwar zur bequemsten Form derselben, zur religiösen Sublimierung bereit sind. Sie zweifeln wohl nicht daran, dass der Erfolg zunächst bei Ihnen auf dem gleichen Wege wie bei uns zustandekommt, vermittelst der erotischen Übertragung auf Ihre Per-

son. Aber Sie sind in der glücklichen Lage, auf Gott weiterzu-
leiten und jenen, in dem einen Punkte glücklichen Zustand
früherer Zeiten herzustellen, in dem die religiöse Gläubigkeit
die Neurosen erstickt.
Für uns besteht diese Chance der Erledigung nicht, unser
Publikum … ist irreligiös, wir sind es zumeist auch selbst in
ganz gründlicher Weise, und da die anderen Wege der Sublimierung, durch die *wir* uns die Religion ersetzen, den meisten
Patienten zu schwierig sind, läuft unsere Kur zumeist in das
Aufsuchen der Befriedigung aus."[76]
In seiner Antwort auf diesen Brief freut sich Oskar Pfister über
die „hohe Genugtuung", durch Freuds Zeilen zu vernehmen,
dass er die Aufgabe der Psychoanalyse als seelsorgliche Methode im Wesentlichen richtig verstanden habe. Er nehme an, dass
die (ethische) Differenz zwischen der Auffassung Freuds und
seiner eigenen vielleicht gar nicht so groß wäre, wie seine
Berufsstellung vermuten ließe.[77]
Sigmund Freud antwortet darauf umgehend: „Hochgeehrter
Herr Doktor. Aus Ihrem Schreiben entnehme ich die sehr
erfreuliche Gewissheit, dass die Differenz unserer Anschauun-
gen erst dort beginnt, wo die zulässige Beeinflussung der
Denkprozesse durch Gefühlsregungen einsetzt, also nur die
Bedeutung einer nützlichen Variation haben kann."[78]

Alfred Adler und „ein Wille zum Verständnis"

Der Sigmund-Freud-Schüler Alfred Adler (1870–1937) hatte
1911 mit seinem Lehrer gebrochen und den Verein für freie
psychoanalytische Forschung gegründet, den er einige Jahre
später in Verein für Individualpsychologie umbenannte. Es handelt sich dabei um eine tiefenpsychologische Theorie, die auch
soziale Aspekte und Überlegungen in die Betrachtung und
Behandlung des Menschen mit einbezieht. Während Freuds

Analyse von der Frage nach der Ursache (Kausalität) bestimmt ist, fragt Adler nach dem Zweck von Symptomen und versucht somit ihre Finalität zu durchschauen.

Was die religiöse Fragestellung betrifft, so finden wir bei Adler interessante Unterschiede zu Freud, wenn auch sein frühes Urteil über Religion mit dem von Freud noch durchaus vergleichbar ist. So bemerkte Adler gegenüber bestimmten Neurotikern manchmal kritisch und skeptisch, dass sie ihrer Lebensaufgabe ausweichen, indem sie ihre Zuflucht in der Religion suchen. Auch er setzt den religiösen Menschen mit dem Neurotiker in Parallele und bescheinigt beiden, sich aus der Realität in eine Fantasiewelt zurückzuziehen. Adlers Ton bleibt dabei aber weit weniger kämpferisch als der von Freud. Denn Adler sieht in den religiösen Weltauslegungen offenbar menschliche Erkenntnisleistungen, die nur leider dem neurotischen Muster darin ähneln, dass die selbstentworfenen Richtlinien in starrer Weise als Idole gehandhabt und festgehalten werden. Adler spricht von zu weit getriebener Abstraktion, von Schematismus und Schwarz-Weiß-Gegensätzen im Denken des Nervösen. Seiner fiktiven Weltsicht diene er wie einem Götzen und forme danach sein Verhalten und Handeln.[79] Das Problem dabei besteht für Adler nicht in der Überzeugung als solcher, vielmehr in der Unbeweglichkeit und Starre, in der fehlenden Elastizität, mit der daran festgehalten wird. „Statt sie pragmatisch zu benützen, werden diese leitenden Fiktionen – heute wird eher von Metaphern gesprochen – vergöttlicht und angebetet … Wo das primitive Denken, die Anfänge der Philosophie und die Hochreligion feste Sichtblenden gegen das Unerwünschte errichten, soll die wissenschaftliche Vernunft keine solchen wie starre Gesetze gehandhabten Normen kennen."[80] Das bedeutet aber nicht, dass man in Adlers Werk entschieden antireligiöse Lehrsätze finden könnte. Im Gegenteil. Adler schloss sich, als er 1904 die Synagoge verließ, der protestantischen Kirche an.[81] Dieses Interesse Alfred Adlers an der Religion ist jedenfalls unbestreitbar und bis heute manchen seiner Gefolgsleute ein

Dorn im Auge. Sie distanzieren sich diesbezüglich vom späten Adler und seiner Sprache, die manchmal hymnisch, philosophisch und mystisch zu klingen scheint, aber nie aus dem Kontext seines Denkgebäudes fällt. Schon der Kreis früher Gefährten Adlers bemühte sich zu betonen, dass Religion Adlers Sache nicht gewesen sei. Sie taten das mit solchem Nachdruck, dass dadurch das Gegenteil auch denkbar wäre und vermutet werden kann. Man weiß nicht genau, wann Alfred Adler seine Bindung an die jüdische Religion verloren hatte. Manès Sperber schreibt: „Adler hat sich als junger Mann taufen lassen. Dies geschah nicht unter dem Einfluss der katholischen Kirche, deren Ubiquität und Macht um jene Zeit überall zu spüren waren. Und auch die Anziehungskraft des Protestantismus, zu dem er übertrat, war keineswegs unwiderstehlich. Denn Adler war entschieden ungläubig, total glaubenslos."[82] Doch Sperber räumt ein, dass in Adlers späten Schriften eine andere Stellung zum Vorschein kommt, „ein Wille zum Verständnis, vielleicht gar eine Hinneigung zum Glauben".[83]

Igor Caruso und Ewald H. Englert schreiben zur Sozialpsychologie bei Alfred Adler: „Es fehlte Adler keineswegs an Mut, sich sozial zu engagieren. Jedoch ist gewiss, dass er sich nicht von den sozial wirksamen Kräften seiner Zeit vereinnahmen lassen wollte: weder von den sich religiös, noch von den politisch sich definierenden! ... Er fürchtete die Herrschaftsansprüche der institutionellen Apparate, ob es nun die Amtskirche oder die politischen Parteien waren. Er war überzeugt, dass man ihnen restlos ausgeliefert sei, falls man sich mit ihnen einlasse."[84]

Ernst Jahn

Nach Phyllis Bottome hatte Adler etwas gegen den Umstand einzuwenden, dass sich die jüdische Religion auf eine ethnische Gruppe beschränkte, und er wünschte, einer universellen Religionsgemeinschaft anzugehören. Demnach wäre Adler an religiöser Fragestellung durchaus interessiert gewesen. Am deutlichsten zeigt sich das auch in seinen Diskussionen über das Thema Religion und Individualpsychologie mit dem protestantischen Pastor Ernst Jahn.[85] Adler erkennt dabei an, dass beide in den Idealen, die sie verfolgen, vieles gemeinsam haben; der eine, so meint Adler, bleibe dabei auf dem Gebiet der Wissenschaft, er selbst nämlich, der andere, Jahn, dagegen auf dem Gebiet des Glaubens.[86]

Dr. Ernst Jahn, evangelischer Pastor in Berlin-Steglitz, hatte sich stark für die neuen psychotherapeutischen Schulen interessiert, ebenso für den Beitrag, den sie der traditionellen Seelsorge leisten könnten. Schon 1927 hatte er ein Buch über *Wesen und Grenzen der Psychanalyse* geschrieben, mit Carl Gustav Jung, 0skar Pfister und andere zu diesen Fragen Briefe gewechselt und 1931 eine umfassende Kritik der Individualpsychologie mit dem Titel *Machtwille und Minderwertigkeitsgefühl* verfasst.

Als Alfred Adler 1932 nach Berlin kam, lernte er Ernst Jahn persönlich kennen. Beide beschlossen, gemeinsam ein Buch zu schreiben, in dem Seelsorge und Individualpsychologie einander gegenübergestellt werden sollten. Dieses Buch erschien 1933, wurde aber umgehend von den Nationalsozialisten beschlagnahmt.[87]

Ernst Jahn erkennt an, dass die Individualpsychologie manche verschüttete Position der christlichen Menschenführung wiederentdeckt hat. Adler erwidert darauf: „Ich war stets bestrebt, zu zeigen, dass die Individualpsychologie die Erbin aller großen Menschenbewegungen ist, die auf das Wohl der Menschheit hinzielten. Ihre wissenschaftliche Grundlage verpflichtet sie wohl zu einer gewissen Intransigenz, aber ihrem ganzen Wesen nach ist sie begierig, aus allen Wissens- und Erfahrungsgebieten neue Anregungen zu empfangen und sie dorthin zu geben. In diesem Sinne ist und war sie immer Überbrückungsarbeit."[88]

In dieser Überbrückungsarbeit haben wir es aber immer mit dem Werk konkreter Menschen zu tun. Das Durchforschen

der seelischen Ausdrucksformen in Charakter und Persönlichkeit, das Ergründen krankhafter Erscheinungen und seelischer Fehlschläge aller Art, die komplizierten Zusammenhänge zwischen Leib und Seele wollen verstanden werden. „In diesen Richtungen", sagt Adler, „ist künstlerische Fähigkeit erforderlich, die nicht ohne gereifte Selbsterkenntnis, Schlagfertigkeit, überzeugende Qualitäten, Überzeugtheit und ausreichende Fähigkeit des Erratens, der Identifizierung und der Kooperation erlangt werden kann".[89] Wenn auch alle diese Fähigkeiten ineinandergreifen, so sei ihre Ausbildung doch bei jedem, der sich der Individualpsychologie befleißige, verschieden. Ebenso verschieden sei auch die Fähigkeit der Darstellung des Vorgangs, wie auch der bei jedem Psychologen ungelöste Rest vorgefasster Meinungen. Dadurch komme eine Verschiedenheit, gelegentlich sogar Widerspruchsvolles auch in die Darstellung. Alfred Adler schreibt in seinem Werk *What life should mean to you?* 1931: „Psychotherapie ist eine Übung in Kooperation und eine Prüfung in Kooperation. Wir können nur dann Erfolg haben, wenn wir aufrichtig am anderen interessiert sind."[90]
Drei Bereiche in dieser Diskussion zwischen Ernst Jahn und Alfred Adler sind bemerkenswert:
Erstens: Erfurcht vor der Religion und ihren Leistungen.
Adler bezeugt der Religion und ihren Leistungen Ehrfurcht und Bewunderung. Ein Streit mit kirchlichen Institutionen ist für Adler nur dort nötig, wo das „heilige Gut der Allmenschlichkeit"[91] bedroht oder nicht genügend gewahrt scheint. So sieht er die Aufgabe der Individualpsychologie darin, die Ergebnisse ihrer Forschung allen, die sie brauchen können, zugänglich zu machen. Das Ziel der Erlösung ist für Adler die Einigung mit Gott, dabei versteht er die Erlösung allerdings aus dem Wissen kommend und Bekehrung als verstehbares Menschenwerk. Gott ist „Beziehungsgeschehen", „Schaffende Ganzheit", „Soziale Großmacht", „der innere Stammbaum des Blutgefüges und Seelengeflechtes innerhalb der Menschheit und Volkheit".[92] Gott bleibt dabei immer Idee, die Idee des

Gemeinschaftsgefühls. Der von Adler angesprochene Begriff der „Gnade" bleibt ein innerweltliches Geschehen. Gnade kommt vom Menschen und kommt diesem zugute. „Es ist Gnade, wenn das Individuum sich von den Fehlern in seinem Lebensstil überzeugt. Diese menschlich bedingte Gnade wird durch die psychotherapeutische Behandlung vermittelt, die den Menschen die Erlösung, die Vergebung durch seine Einreihung in die Gesamtheit erleben läßt."[93]

Zweitens: Jahn vermutet, dass die unterschiedliche Deutung des Begriffes „Gnade" sich aus der mangelnden Verständigung über den Schuldbegriff erklärt. Schuldgefühl aus begangener Schuld lehnt Adler ab, die Reue soll sich kraft des allmenschlichen Verstehens auflösen. Alle Schuld wird durch die Verstärkung des Gemeinschaftsgefühls ausgeglichen. „Wenn es gelingt, das schwer erziehbare Kind, den Nervösen, den Delinquenten, usw. aus dem Verständnis seines in frühester Kindheit verfehlt aufgebauten Lebensstiles heraus auf seinen immerhin menschlichen Irrtum aufmerksam zu machen, und wenn man über den *nötigen Takt,* über die Kunst und über die Mitmenschlichkeit verfügt, ihm auch noch die Beschämung über seinen Irrtum zu ersparen, so erlebt er die reinliche Umwandlung seines Lebensstils ohne Aufruhr seiner Gefühle."[94] „Sünde" bedeutet bei Adler „Irrtum im Lebensstil". Aber die Kardinalfrage dieser Auseinandersetzung bleibt: Ist Irrtum entschuldbar, oder ist der Mensch für sein Tun verantwortlich? So zeigt sich eigentlich am Schuldbegriff die ganze Problematik der Verständigung: Auf der einen Seite das „allmenschliche" Verstehen, auf der anderen Seite die Forderung nach Verantwortlichkeit.

Die Seelsorge kann durch die Psychotherapie lernen, den seelischen Bereich des Menschen besser zu verstehen. Das Verstehen ist dabei die unerlässliche diagnostische Voraussetzung einer Behandlung. Jahn räumt ein, „dass dem Verstehen sogar ein gewisser Heilwert innewohnen könne".[95] Trotzdem dürfen Verstehen und Heilen nicht gleichgesetzt werden. Hier gelte es, das Ethos gegen die psychologische Analyse abzugrenzen. Das Gesetz der Verantwortung müsse jedem Menschen zugemutet werden können. Die schmerzliche, aber wichtige Erfahrung, dass der Mensch für sein Handeln verantwortlich ist, könne ihm nicht erspart und dürfe ihm nicht abgenommen werden. Jahn erkennt an, dass Adlers Individualpsychologie den Menschentypen, der unter der Überlast von Hemmungen zusammenbricht, meisterlich beschrieben und erforscht hat, fordert aber, dass darüber hinaus auch der andere Typus, dem die elementaren Hemmungen fehlen, nicht vergessen werden darf. „Ich bin überzeugt, dass die Individualpsychologie ihre letzten Erkenntnismöglichkeiten erst dann ausschöpfen wird, wenn sie den Typus des Hemmungslosen mit derselben Meisterschaft analysiert wie den Typus des Übergehemmten."[96] Die Diskussion zwischen Adler und Jahn zeigt, dass eine fruchtbare Auseinandersetzung in unserer Frage nicht eine vorschnelle Beseitigung der Gegensätze zur Folge hat, sondern den Respekt vor der anderen Position bewirkt, die nicht überwunden, sondern verstanden werden will.

Die transpersonale Dimension im Denken Adlers

Adlers Ausführungen zur Gottesidee in diesem Buch verdienen besondere Aufmerksamkeit. Hier nämlich unterscheidet er sich im Ton gründlich von Sigmund Freud: Adler spricht der „Gottesidee" ihre Bedeutung für die Menschheit zu und unterstreicht, dass sie, vom individualpsychologischen Standpunkt aus verstanden, anerkannt und geschätzt werde „als Konkretisierung und Interpretation der menschlichen Anerkennung von Größe und Vollkommenheit und als Bindung des Einzelnen wie der Gesamtheit an ein in der Zukunft des Menschen liegendes Ziel". Die Vermittlung dieses Zieles stoße aber schon deshalb auf Schwierigkeiten und wäre nicht leicht zu leisten, weil sie vom jeweiligen Charakterbild und der Persönlichkeit dessen abhänge, der sich damit befasse. Man komme dadurch zur Überzeugung, dass sich die Einmaligkeit des Individuums in Denken, Fühlen, Handeln immer wieder manifestiert, dass es sich immer um Nuancen und Varianten handelt. „Es liegt zum Teil an der Abstraktheit und Enge unseres sprachlichen Ausdrucks, dass der Sprecher, der Leser, der Hörer das Zwischenreich zwischen den Worten entdeckt haben muss, um das wahre Verständnis, den richtigen Kontakt mit dem Partner zu gewinnen. Wenn zwei dasselbe tun, ist es nicht dasselbe, aber auch wenn zwei dasselbe denken, fühlen, wollen, sind Unterschiede vorhanden. Wir können nicht ganz uns des Erratens entschlagen, wenn wir den Andern genau verstehen wollen."[97]

Adlers grundsätzliche Erörterung läuft darauf hinaus, das, was die Religion auf der Basis des Glaubens Gott nennt, auf der Basis der Wissenschaft Gemeinschaftsgefühl zu nennen: „Ob einer das höchste wirkende Ziel als Gottheit benennt, oder als Sozialismus, oder wie wir als reine Idee des Gemeinschaftsgefühls, oder andere in deutlicher Anlehnung an das Gemeinschaftsgefühl als Ideal-Ich, immer spiegelt sich darin das machthabende, vollendungsverheißende, gnadenspendende Ziel der Überwindung."[98]

Adler ist mit großem Selbstbewusstsein der Ansicht, dass religiöse Argumente dieser seiner Auffassung wenig anhaben könnten. Er hofft sogar in der Folge, dass seine Auffassung auf die begeisterte Anerkennung derer stößt, „die nach größerer Klarheit in Fragen der Gottesidee ringen und gerungen haben und, vielleicht unausgesprochen, Eindrücke ähnlicher Art in sich getragen haben".[99]

Was die „größere Klarheit in Fragen der Gottesidee" betrifft, so muss hier angemerkt werden, dass Adlers Sprache in dieser Auseinandersetzung und auch in seinen weiteren Schriften bis zum Tod 1937 von etlichen Therapeuten als befremdlich, fast peinlich, weil zu mystisch und geradezu biblisch empfunden wird. Eine größere Klarheit vermochte sie nicht zu schaffen.

Ein Autor meint sogar, das Neue Testament wäre leichter zu verstehen als Adlers späte Texte.[100]

Bis in unsere Tage ist diese Seite in Adlers Werk also eher übergangen und übersehen worden. Die „spirituelle, den Einzelnen übersteigende Dimension" des Menschen war aber wesentlich und zentral für das Denken Alfred Adlers. Im Minderwertigkeitsgefühl, im Überwindungsstreben, im Schöpferischen und im Gemeinschaftsgefühl erkannte er Bewegungen, die nicht nur therapeutische, sondern auch erlösende Kraft entfalten können.

Eine neuere Publikation trägt dieser vergessenen Dimension in Adlers Werk Rechnung. Dabei werden christliche Mystik, Buddhismus, Hinduismus und Taoismus ebenso berücksichtigt wie Ergebnisse der Transpersonalen Psychologie und der Psychoanalyse. Namhafte Individualpsychologen regen in ihren Beiträgen zur Weiterentwicklung der transpersonalen Dimension in der Individualpsychologie an. Sie zeigen, dass Adler zu den großen Philosophen und Lehrern zählt und in der Lage war, auf der Suche nach dem Sinn des Lebens über seinen konkreten therapeutischen Ansatz hinaus eine eigene Philosophie zu entwickeln.[101]

Erwin Ringel

Der in Österreich wohl bekannteste Individualpsychologe war Erwin Ringel (1921–1994). Sein frühes Engagement in der Erforschung der Suizidverhütung führte bereits 1948 zum ersten Suizidverhütungszentrum in Wien. Ein weiterer, zeitlebens mit Leidenschaft betriebener Schwerpunkt seiner Arbeit war die Psychosomatik. Der Autor von *Die österreichische Seele* wusste in einer bildhaften und klaren Sprache die Menschen zu erreichen und sie für „das weite Land" der Seele zu interessieren. Wie kein anderer vor ihm hat Erwin Ringel in der Individualpsychologie auch dem Themenbereich von Psychotherapie und

Seelsorge Beachtung geschenkt. Bereits seine erste wissenschaftliche Veröffentlichung 1949 beschäftigt sich schon mit dem Thema „Religion und Individualpsychologie".[102]
Nach dem agnostischen Juden Freud und dem aus dem Judentum konvertierten Protestanten Adler greift nun zum ersten Mal mit Ringel ein überzeugter und engagierter Katholik unsere Frage auf. In dem katholischen Priester und Theologen Wenzel Van Lun findet Ringel einen wichtigen Gefährten und kongenialen Gesprächspartner. 1953 veröffentlichen sie ihr gemeinsames Buch *Die Tiefenpsychologie hilft dem Seelsorger*[103] mit der damals für diese Fragestellung noch notwendigen „Druckerlaubnis des Erzbischöflichen Ordinariates Wien vom 28. Februar 1952, Zahl 390".[104]
Im Geleitwort schreibt Alfred Niedermeyer,[105] dass dieses Buch dem Seelsorger zeigen könne, welch unschätzbare Hilfe ihm das Wissen um die tiefenpsychologischen Probleme gerade dort geben kann, wo der Umgang mit Menschen schwierig und in der Folge meist undankbar wird. „Es sind die gleichen Fälle, die vor der Ära der Psychotherapie auch für den Arzt höchst undankbar und eine wahre ‚crux medicorum' waren. Man braucht nur an Hysterie und Zwangsneurose zu denken, um zu verstehen, wie ablehnend die Haltung des Arztes früher solchen Kranken gegenüber war, denen er nicht helfen konnte und denen nach seiner Meinung ‚ja doch nichts fehlte', die er daher für ‚eingebildete Kranke' hielt."[106] Ebenso könnte auch der Seelsorger mit neuen Augen in die „Tiefen der Seele"[107] blicken und das Unbewusste mit seinen Widerständen, Rätseln und Abgründen der Einsicht erschließen und einer Behandlung zugänglich machen.
Im ersten Kapitel fordern die Autoren tiefenpsychologisches Wissen als „eine Notwendigkeit für den Seelsorger",[108] weil es der Seelsorger in der Praxis mit Menschen zu tun habe und somit sein Erfolg nicht nur vom guten Kontakt mit den Menschen abhänge, sondern auch mit seiner Fähigkeit, die Persönlichkeit des Anderen zu erfassen und seine inneren Konflikte

und Probleme zu begreifen. „Keiner ist ja dem anderen gleich, selbst das gleiche Problem ist für zwei Menschen dem Erlebniswert nach nicht das gleiche und nur das wirkliche Eingehen auf jeden einzelnen wird dem Seelsorger den richtigen Weg weisen."[109] Das Buch erweist sich daher für den Seelsorger als eine gut verständliche Einführung in „das Kleine Einmaleins der angewandten Tiefenpsychologie".

Ringel und van Lun versuchten diese Einführung nicht nur mit ihrem Buch zu leisten. Sie hatten auch im Rahmen der Katholischen Akademie eine Vortragsreihe unter dem Titel *Die Bedeutung der Tiefenpsychologie für die praktische Seelsorge* initiiert und waren dabei auf reges Interesse gestoßen.

Trotzdem blieben diese Initiativen im Wesentlichen ohne Erfolg, und das Buch war bald aus den Buchhandlungen verschwunden. Zwanzig Jahre später schreibt Ringel durchaus mit bitterem Unterton: „Versuche zur Zusammenarbeit, von mutigen tiefenpsychologischen Pionieren und kirchlichen Außenseitern eingeleitet, bewegen sich infolge mangelnder offizieller Unterstützung noch auf der Ebene von Überlegungen, Diskussionen und Einzelinitiativen ... Vergeblich wartet man bis zum heutigen Tag auf den Durchbruch der Einsicht, dass Aufgeschlossenheit gegenüber den tiefenpsychologischen Erkenntnissen unendlich positiv befruchtend auf kirchliche Einstellungen und praktische Vorgangsweisen einwirken könne."[110]

So lange andauernder Widerstand erklärt sich für Ringel daraus, dass die Kirche ihrerseits vielfach neurotisiert sei und deswegen als Institution einen anhaltenden Widerstand gegen die tiefenpsychologischen Lehren entwickeln müsse. Die neurotischen Tendenzen in der Kirche sieht er vor allem in drei Bereichen:

Erstens: Die Kirche fördere Verdrängungen, weil sie die offene Auseinandersetzung mit „peinlichen" Problemen fürchte. Vor allem auf dem Gebiet der Körperlichkeit sei bis heute (schreibt er 1974) eine unbefangen normale Einstellung eher selten anzutreffen. Sünde und sexuelle Lust würden vielfach gleichgesetzt.[111]

Zweitens: In der Folge einer intensiven Verbindung von theologischer Sprache und juristischen Formulierungen werde ein enges, neurotisches und neurotisierendes Gebäude errichtet; pastorale Fragen der Wiederverheiratet-Geschiedenen, der Homosexualität und der Selbsttötung wären in einer solchen Sprache nicht benennbar. Die ausgesprochene Allergie der Kirche der Tiefenpsychologie gegenüber wäre nur eine logische Folge dieser Diskrepanz.

Drittens: Ringel wirft der Kirche die Förderung einer neurotisierenden Erziehung vor: „Zwar hat die Kirche der Freudschen These, wonach das Gewissen nicht die eingeborene Stimme Gottes sei, sondern durch Erziehung zustande komme, leidenschaftlich widersprochen – dennoch verhält sich die Kirche als Erziehungsinstitution keineswegs so, als würde sie sich auf die Stimme Gottes verlassen."[112] Die Entfaltung des personalen Gewissens, das unentbehrliche Kennzeichen einer gesunden Persönlichkeit, werde so zugunsten eines infantil abhängigen Verhaltens verhindert.[113]

Das Verzeichnis der wissenschaftlichen Schriften Erwin Ringels umfasst über dreißig größere Arbeiten,[114] die im weitesten Sinn dem Gebiet von Psychotherapie und Seelsorge zuzuordnen sind. Bei etwas gutem Willen auf beiden Seiten war es für Ringel kaum vorstellbar, dass es hier zu einer Konkurrenzsituation kommen könnte. Vielfach hatte man geglaubt, in der Psychotherapie eine moderne Heilslehre, einen Religionsersatz zu finden. Alfred Adler war einer der ersten, der sich gegen diesen Irrtum gewehrt hat und Erwin Ringel ist nicht müde geworden, gerade darauf hinzuweisen.[115] Es handelt sich hier um zwei völlig voneinander getrennte Welten, die aber in der täglichen Arbeit mehr miteinander zu tun haben, als ihnen recht sein mag. Wer keine Gegensätze zwischen Psychotherapie und Seelsorge sieht, macht es sich allzu leicht, warnt Ringel. Natürlich gibt es solche Gegensätze, und sie führen in die komplizierteste Thematik, die dem Therapeuten widerfahren kann. Vor allem muss er wissen, dass auch beim nicht religiösen Patienten im

Unbewussten religiöse Probleme vorhanden sein können. C. G. Jung war der erste, der auf die Bedeutung der verdrängten Religiosität hingewiesen und den Menschen auch in seinen unbewussten Anteilen als „homo religiosus" bezeichnet hat.

Viktor Frankl

Viel breiter als hier möglich sollten in unserer Frage deshalb auch C. G. Jung und Viktor Frankl (1905–1997)[116] zu Wort kommen. Frankl betont, dass es dem Arzt heute vielfach an Stelle des Seelsorgers auferlegt sei, auch in der Lebensnot außerhalb des Krankseins zu raten. Das Entscheidende sei die Verbindung des Vertrauens, die jeder Behandlung vorausgehen müsse. Und Fragen des Herzens machten eben vor der Grenzziehung der Professionen nicht Halt. Deshalb könne man nichts daran ändern, dass die Menschen in Lebensnot zum größeren Teil nicht den Seelsorger, sondern den lebenserfahreneren Arzt suchten. Es seien die Patienten, die den Therapeuten vor die Aufgabe stellten, selbst die Aufgabe der Seelsorge zu übernehmen. Nur zu oft, so Frankl, sei die Psychotherapie darauf angewiesen, in Seelsorge auszumünden. Die Abwanderung der abendländischen Menschheit vom Seelsorger zum Nervenarzt sei ein unübersehbarer Tatbestand, dem sich der Therapeut nicht verschließen dürfe. Es sei für die Psychotherapie unvermeidlich, auch dort, wo sie es nicht wisse noch wissen wolle, immer auch irgendwie Seelsorge zu sein.[117]
Frankl ist in dieser Hinsicht auf beiden Seiten zu schnell bzw. missverstanden worden: Ärzte und Psychotherapeuten, darunter auch Erwin Ringel, hatten die Frankl-Schule wegen ihres „philosophischen" Ansatzes kritisiert und gemeint, dass Frankl damit das Gebiet der „exakten" Naturwissenschaften in Richtung höherer Sphären verlassen habe. Seelsorger wiederum hatten sich schnell mit Frankls Position angefreundet, allein schon aus der Tatsache seines sinn- und zukunftsorientierten Ansat-

zes, der den (Kurz-)Schluss nahezulegen schien, sich die Mühe der Analyse und damit den Blick in die Vergangenheit ersparen zu können.

Frankls Anliegen aber war es gewesen, den Ärzten in ihrer Arbeit den impliziten seelsorglichen Dienst neu ins Bewusstsein zu bringen. Den Seelsorgern könnte dadurch klarer vor Augen stehen, dass das ihnen anvertraute weite Land der Seele keine Erbpacht darstellt.

3. Nach Sprache sehnt sich alles Leben

Die Psychotherapie ist eine wissenschaftlich-praktische Tätigkeit, die in der konkreten Beziehung zwischen zwei Menschen psychisches Leid zu heilen oder zu lindern versucht. Seelische und zwischenmenschliche Konflikte können in diesem „Abenteuer zu zweit" bewusst gemacht und im Ansatz bewältigt werden. Dabei hat sich in meiner persönlichen Erfahrung gezeigt, dass die Beschäftigung mit Fragen der Religion, der Kunst und der Literatur wesentliche Hilfestellungen zu leisten vermag. In all diesen Bereichen geht es nämlich in erster Linie darum, den Bereich hinter der Sprache auszuloten und (zunächst) Unsagbares ins Wort zu bringen. Das kann durchaus, soweit ein Mann überhaupt in der Lage ist, sich darunter etwas vorzustellen, mit einem Geburtsvorgang verglichen werden. Das Ringen um das Wort ist ein schmerzlich-mühsamer Prozess, das endlich Ausgesprochene und Aussprechbare eine erlösende und befreiende Erfahrung. In einem Gedicht von Reiner Kunze heißt es:[118]

> Gern setze ich mich zum taubstummen, mit den lippen
> wörter schälen
>
> Zuhören kann fast nur noch der taube
>
> Er *will* verstehen
>
> Und nur der stumme auch weiß, was es heißt,
> vergebens ums wort zu ringen

In meiner Arbeit als Seelsorger, geistlicher Begleiter von Jugendlichen und in der Mitverantwortung für die Leitung eines Bildungshauses konnte ich in viele Bereiche der menschlichen Seele blicken. Dabei wurde mir der große Gewinn eines unerschrockenen Miteinanders von Kunst, Literatur, Philosophie und Theologie bewusst. Dadurch konnte ich aber auch zum Grenzgänger werden und für mich zu eng gesetzte Grenzen neugierig überschreiten. Die solcherart gewonnenen Erfahrungen kommen heute meiner therapeutischen Arbeit zugute.

In seinem Gedicht *Sprache* beschreibt Hermann Hesse den „unstillbaren Drang der Welt, der Dinge Stummheit zu durchbrechen, in Wort, Gebärde, Farbe, Klang des Seins Geheimnis auszusprechen".[119] Alles Leben hat Sehnsucht nach Sprache, es will sich mitteilen. Unsere Worte sind die Brücke zum anderen Menschen. Die Worte aber, die mir zugedacht sind und die ich anderen zudenke, sind neben ihrer Brückenfunktion immer wieder auch die Quelle von Missverständnissen. Was ich sage, meine ich oft nicht, was ich meine, sage ich nicht deutlich genug, das Ungesagte ist oft eindeutiger als das gesprochene Wort. Es ist ein langer Weg von einem gehegten Gedanken zur Formulierung und von dort hin zum Verstehen und dann erst recht bis zum Einverständnis: „Gedacht" ist nicht „gesagt",

---

„Vom Urschrei zum Ja."
Werner Hofmeister, 1984-2001, UA/JA, 42 x 30 x 2 cm, Granit

Die Seele ist ein weites Land ... gedacht ist nicht gesagt,
gesagt ist nicht gehört, gehört ist nicht verstanden –
und verstanden ist nicht einverstanden.
Michael Kos, Surrogat, Mappings, Landkarten auf Karton,
in Aluboxes 100 x 100 x 8 cm

Das Wort buchstäblich an der Hand genommen und behutsam geführt ...
Werner Hofmeister, 2003, Quelle – Baustelle, Bronze, 48 cm

3. NACH SPRACHE SEHNT SICH DAS LEBEN

QUELLE-BAUSTELLE   Hofmeister 2003

92

gesagt noch nicht „gehört", gehört ist noch nicht „verstanden" und verstanden noch lange nicht „einverstanden" . .

In Saint-Exupérys *Kleinem Prinzen* ist das „Miteinander-ver-traut-werden" beschrieben als tägliches Schritt für Schritt ein-ander Näherrücken ... Ohne die Geduld und das Vertrauen in diesem Sinn verliert das Wort seinen Zauber und seine heilen-de Kraft. Jede Begegnung im Alltag, auch die Aussprache mit einem Seelsorger und das therapeutische Gespräch leben von dem nach und nach wachsenden Vertrauen zwischen zwei ein-ander sich öffnenden Menschen. Eine Patientin hatte mir erst nach mehreren Stunden ihren wirklichen Namen anvertraut, weil sie vorher sichergehen wollte, in mir den für ihr Anliegen richtigen Menschen gefunden zu haben.

Das spannende, aber komplizierte und komplexe Geschehen menschlicher Begegnung unterliegt denselben Grundgesetzen, die im Wesentlichen auch für therapeutische und seelsorgliche Begegnungen gelten.

Bedingungslose Offenheit als Auftakt der Begegnung

„Alles wirkliche Leben ist Begegnung", sagt Martin Buber.[120] Die meisten Aktivitäten unseres Alltags sind direkt oder indi-rekt dadurch motiviert, dass wir wichtige Beziehungen zu anderen Menschen gewinnen oder erhalten wollen.[121] Wir begegnen einander, wenn auch vielfach unbewusst, aber neuro-biologisch erwiesen, in der unleugbaren Absicht, gesehen, bemerkt, akzeptiert, als „ich" wahrgenommen und wertge-schätzt zu werden. Begegnung ist im gründlichsten Sinn des Wortes „sinnlich". Sie ereignet sich in ihren vielen Wechselbil-dern immer aktiv und passiv zugleich, wir können einfach nicht „nicht kommunizieren", wir sind „Begegnungswesen" und erleben das zuallererst über unsere Sinne. Man kann sie gar nicht ernst genug nehmen und ihre entscheidenden Rollen nicht gründlich genug bedenken. Für den Alltag sind sie genauso wichtig und zentral wie für berufliches Handeln. Menschen in helfenden Berufen müssen deshalb in erster Linie „sinnliche Menschen" sein, d. h. sich mit all ihren Sinnen als Menschen erweisen und bewähren. Erst dann kann das greifen, was berufliche Ausbildung zusätzlich anzubieten hat. Bei ärztlichen Kunstfehlern etwa ist es erwiesen, dass die Betroffenen nicht in erster Linie deswegen zu Gericht gehen, weil Ärzte Fehler gemacht haben, sondern weil Ärzte bei „Kunstfehlern" ihre Patienten „von oben herab" behandelt und als Menschen versagt haben.

Keine Lehre, offene Weite, nichts Heiliges. Diese Erkenntnis, die wir der Mystik verdanken, kann uns auch helfen, den Alltag besser zu bewältigen und erst recht die Arbeit in der Psychotherapie und Seelsorge. In der bedingungslosen Offenheit liegt die einzige Möglichkeit, einem Menschen und seiner Not gerecht zu werden. Der Verzicht auf Lehre und Belehrendes im Auftakt menschlicher Begegnung, wohin immer sie sich dann auch entwickeln mag, ist eine Grundvoraussetzung dafür, dass der eine dem anderen Raum gibt und ein Mitteilen möglich wird.

Die „drei Affen" als Gegenbild

Drei Affen halten mit ihren Händen Augen, Ohren und Mund verschlossen. In der japanischen Sprachformel bedeutet „mizaru", „kika-zaru", „iwa-zaru" = „nicht sehend", „nicht hörend", „nicht sprechend". Das Wort „zaru" entspricht dem deutschen Wort „nicht", lässt sich aber leicht mit „saru" verwechseln, dem japanischen Ausdruck für „Affe". Deshalb konnten aus der dreimaligen Verneinung leicht drei Affen werden.

Die Psychotherapie versteht sich als Gegenbild zu den „drei Affen": Statt blind, taub und stumm zu sein, will sie sehen, hören, riechen, schmecken, reden, offen sein und das, was im

Menschen vor sich geht, beim Namen nennen. Nicht wegschauen, sondern hinsehen, nicht überhören, sondern hinter den Worten hören, nicht schweigen, sondern reden, endlich!

Begegnung mit allen Sinnen

Offene Arme, oder: die Haut als Kommunikationsorgan

Bevor wir zu reden beginnen, „tasten wir uns vor", wir „betasten" uns durch Händedruck und/oder Umarmung. Die erste menschliche Kommunikationsform ist die Berührung. Inniger ist diese Brücke zum anderen Menschen nicht zu schlagen als durch den Gestus einer Mutter, die ihr neugeborenes Baby an die Brust nimmt und in ihre Arme schließt.

Ende der 1950er Jahre erschien in Italien ein damals weit verbreiteter Roman von Curzio Malaparte mit dem Titel *Die Haut* (italienisch: la pelle). Das in allen Teilen bewusst widerlich bis zur Unerträglichkeit gehaltene Werk schildert die Vorgänge gegen Kriegsende 1944 beim Einmarsch der Amerikaner in Neapel. In breiten Bildern des Ekels analysiert Malaparte, wie der Mensch besiegt, erniedrigt, überrollt, prostituiert und ausgebeutet wird, bis noch – nur noch – ein Aspekt von ihm übrig bleibt: seine Haut. Die Haut, die jeder zu retten sucht; die Haut, die man zu Markte trägt; die Haut, die man jemandem über den Kopf zieht; die Haut, die man so teuer wie möglich zu verkaufen sucht; der Mensch als „alte Haut", „treue Haut", „nackte Haut", „verwundete Haut".

Die Haut ist mehr als die Oberfläche unseres Körpers; sie ist unsere erste und tiefste Verbindung zur Außenwelt, die Quelle der elementarsten und ursprünglichsten Gefühle von Lust und Schmerz, die grundlegende Brücke zur Realität.

Die Haut als Organ ist nicht vergleichbar mit anderen Organen des menschlichen Körpers. Im Wesentlichen kommen ihr fünf zentrale Funktionen zu: Zunächst ist sie Atmungsorgan (1), darin besteht ihre wichtigste Funktion. Dann ist sie Grenzorgan (2) und Abwehrorgan (3); sie grenzt unseren Körper zur Außenwelt hin ab und bewahrt ihn vor schädlichen Einflüssen von außen. Weiters ist die Haut auch Kommunikationsorgan (4): Jemanden zu berühren kann vertrauenserweckend bis überfordernd empfunden werden. Im Blick auf den Gesichtsausdruck, auf Mimik, Gestik und Körperhaltung ist ziemlich schnell klar, ob eine Berührung vertrauenserweckend oder überfordernd aufgenommen wird. Unser Gesichtsausdruck ist der beste Kommentar zu dem, was wir sagen; Mimik und Gestik können nicht lügen, die Bewegung unserer Augen und die Blickrichtung entscheiden über die „Würze" unserer Aussagen, „glänzende Augen" sprechen eine deutliche Sprache, die mit dem Willen nicht zu steuern ist. Unser Körper kann nicht lügen. Im Unterschied zum Mund, der in der Lage ist, gezielt in die Irre zu führen, ist die Sprache des Körpers eindeutig und klar. Mit Mimik und Gestik verraten wir mehr, als uns lieb sein mag, im Moment des Errötens sagen wir mehr, als wir eingestehen wollten …

Im Gesicht des Menschen gibt es 28 Muskeln,[122] die bei der Kommunikation eine wesentliche Rolle spielen: vier Kaumuskeln, 12 mimische Muskeln und 12 Muskeln zur Bewegung der Kopfhaut, der Nase, der Lider und Augenbrauen sowie der Ohrmuscheln.

Schließlich ist die menschliche Haut auch Sexualorgan (5). Dabei ist zwischen dem „visuellen" und dem „taktilen" Aspekt zu unterscheiden. Hier gibt es Unterschiede zwischen Männern und Frauen. Frauen scheinen mehr vom taktilen Aspekt berührt zu werden und Männer mehr vom visuellen Aspekt. Daraus wächst für Frauen ein größerer sozialer Druck: Eine Narbe im Gesicht ist daher für einen Mann leichter zu verkraften als für eine Frau. Deshalb werden in Hautambulanzen wesentlich mehr Frauen als Männer behandelt.

Offene Augen: Die Kraft des Augenblicks
Die Augen sind das Leitorgan der menschlichen Kommunika-

tion. Bevor wir zu sprechen beginnen, „spricht" unser Körper. Die nonverbale Botschaft eilt der Stimme voraus und verrät zwischen den Zeilen und hinter den Worten, was sie zu sagen hat. Menschen erblicken einander von weitem und reagieren gekränkt, wenn sie „keines Blickes gewürdigt" werden, oder aber ermutigt, wenn ihnen von anderen Menschen „ein liebevoller Blick" zugeworfen wird. An vielen Stellen des Zweiten Testamentes heißt es zum Auftakt einer Begegnung als Angeld kommender Heilung: „Und Jesus blickte sie/ihn an." Die Rabbinen beschreiben den Übergang von der Nacht zum Tag durch den Moment in der Morgendämmerung, wo zwei Menschen einander gegenüberstehend jeweils im anderen den Bruder und die Schwester erkennen können.

Durch die Entdeckung der „Spiegelneurone" wird uns durch die Neurobiologie beeindruckend bestätigt, wie sehr wir gerade durch den Blick wachgerüttelt und motiviert werden können. „Die stärkste und beste Droge für den Menschen ist der andere Mensch", sagt der Psychotherapeut und Neurobiologe Joachim Bauer.[123] Nichts motiviert uns so sehr, „wie der Wunsch, von anderen gesehen zu werden".[124] Wir brauchen den akzeptierenden, einladenden und aufmunternden Blick des anderen Menschen wie das tägliche Brot.

In einem Text von Tobias Brocher[125] heißt es: „Beim bloßen Gedanken an meine Schwäche bekomme ich Panik und fürchte mich davor, mich anderen überhaupt auszusetzen. Gerade deshalb erfinde ich verzweifelte Masken, hinter denen ich mich verbergen kann: eine lässige, kluge Fassade, die mir hilft, etwas vorzutäuschen, – die mich vor dem wissenden Blick sichert, der mich erkennen würde. Dabei wäre gerade dieser Blick meine Rettung. Und ich weiß es. Wenn er doch verbunden wäre mit Angenommenwerden, mit Liebe. Das würde mir die Sicherheit geben, die ich mir selbst nicht geben kann, – die Sicherheit, dass ich etwas wert bin. Aber das sage ich Dir nicht. Ich wage es nicht. Ich habe Angst, dass Dein Blick nicht von Annahme und Liebe begleitet wird."

Offene Ohren: Die Kunst des Zuhörens

Das menschliche Ohr ist das zuerst ausgebildete, schon im Mutterleib funktionierende Sinnesorgan. Unser Ohr ist aber auch das letzte Sinnesorgan, das stirbt, wenn ein Menschenleben verlischt. Es gehört zu meinen kostbarsten Erfahrungen am Krankenbett, miterleben zu dürfen, wie Sterbende auf direkte Ansprache nicht mehr reagieren können, aber zu dem mit ihren Angehörigen gemeinsam laut gesprochenen Gebeten plötzlich ihre Lippen bewegen. Oder wenn ich ihnen die Geschichte unserer ersten Begegnung erzähle und nur mehr am Händedruck feststellen kann, dass sie mich hören und verstehen …

Wer das Ohr beleidigt, dringt nicht zur Seele vor, sagt Quintilian, der römische Sprechlehrer. Das Ohr ist das Tor zur Seele, sagt eine indische Weisheit. Der Ton macht die Musik, sagen die Franzosen. Im Deutschen sagen wir manchmal, um auszudrücken, dass etwas im menschlichen Bereich stimmt, es sei „stimmig". Damit ist nicht nur der „Ton" gemeint, sondern die gesamte Situation kommentiert.

Das Ohr ist das wichtigste Sinnesorgan für Therapeuten und Seelsorger. Im Märchenroman *Momo* von Michael Ende wird erzählt, wie die kleine Momo durch die Art, wie sie zuzuhören versteht, Menschen verändert und verwandelt: „Momo konnte so zuhören, dass dummen Leuten plötzlich sehr gescheite Gedanken kamen. Nicht etwa, weil sie etwas sagte oder fragte, was den anderen auf solche Gedanken brachte, nein, sie saß nur da und hörte einfach zu, mit aller Aufmerksamkeit und aller Anteilnahme. Dabei schaute sie den anderen mit ihren großen, dunklen Augen an, und der Betreffende fühlte, wie in ihm auf einmal Gedanken auftauchten, von denen er nie geahnt hätte, dass sie in ihm steckten. Sie konnte so zuhören, dass ratlose oder unentschlossene Leute auf einmal ganz genau wussten, was sie wollten. Oder dass Schüchterne sich plötzlich frei und mutig fühlten. Oder dass Unglückliche und Bedrückte zuversichtlich und froh wurden …".[126]

Vor dem Gegenteil einer solchen Fähigkeit und Grundhaltung warnt der Prophet Jesaja: „Du hast mit geöffneten Ohren nicht gehört!" (Jes 42,20) oder wie Martin Buber übersetzt: „Hellhörig erhorchte er doch nichts!"

Christine Lavants vielleicht bekanntestes Werk *Die Bettlerschale*[127] beginnt mit dem Wort „Horch!" Und in einem anderen Gedicht[128] gegen Schluss des Bändchens heißt es:

> Hören, hören! – O du mein Gott –
> nur Taube wissen wie Hören tut,
> und warten im Eisblock des Schweigens
> auf dein lebendiges Wort.
> Auch Menschenstimmen warten sie ab
> mit ihrem sanften gehorsamen Willen
> und ihr Lächeln sagt zu den Lauten: Ja –

Offene Nase: Zuerst riechen

Auf keinen Sinneseindruck reagiert das menschliche Gehirn so schnell wie auf den Geruchssinn. Die Nase ist ein untrüglicher Kommunikator, wir nehmen damit den Geruch feiner Speisen wahr oder werden durch ein chemisches Frühwarnsystem vor dem Genuss verdorbener Speisen gewarnt. Ein wichtiger Teil unserer Sexualität, vielleicht sogar der entscheidende, wird über den Geruchssinn gesteuert. So, wie wir riechen, verbreiten wir eine erste Botschaft, auf die unser Gegenüber (un)bewusst reagiert. Von jemandem zu sagen, dass man ihn „nicht riechen" oder „gut riechen" könne, bedeutet ja nichts anderes, als das Gefühl zu beschreiben, das uns der Geruchssinn aus nonverbalen olfaktorischen Eindrücken vermittelt. Auch Räume riechen. Ihr Geruch ist ihre erste Botschaft, die wir (un)bewusst aufnehmen. Seit mir Adolf Holl vor Jahren einmal den Rat gegeben hatte, beim Besuch von Kirchen darauf zu achten, wie die Räume riechen, unterziehe ich jeden fremden Raum automatisch dieser Prüfung.

Seit bald 10 Jahren kenne und liebe ich einen „Rastplatz für meine Seele", der mich schon beim ersten Betreten mit seinem heilsamen Mantel der Stille umhüllte und mich lange nicht mehr gehen ließ. Die Propsteikirche St. Gerold im Großen Walsertal. So gut und einladend wie dieser Raum riecht für mich bis zum heutigen Tag kein anderes Gotteshaus. Nach gemeinsamen Gottesdiensten liegt dort noch lange der Duft von frischem Bienenwachs in der Luft ...

Offener Mund: Schmecken

Von einem Text oder einer Rede sagen wir manchmal, um die Wirkung zu beschreiben, er/sie wäre „schwere" oder „leichte Kost" gewesen, „schwer" oder eben „gut verdaulich". *Ignatius von Loyola* (1491–1556), Mystiker und Begründer des Jesuitenordens, sagt in der zweiten Vorbemerkung zu seinen Exerzitien: „... nicht das Vielwissen sättigt die Seele und gibt ihr Genüge, sondern das Fühlen und Kosten der Dinge von innen."[129] Ignatius versteht die Seele als ein „inneres Geschmacksorgan", das den Menschen befähigt, „die Unterscheidung der Geister" zu bewerkstelligen und diese Entscheidung von innen her „abzuschmecken". Wie wir unseren Geschmackssinn trainieren können und in der Folge feine Nuancen und Varianten zu unterscheiden lernen, so können wir auch Achtsamkeit trainieren und das, was wir sagen, vor dem Aussprechen „abschmecken" und „verkosten", abwägen, welches Wort bei welchem Menschen wie wirken mag. Worte können Wunder wirken. Worte können heilen. Worte sind in der Weisheit des Asklepios das erste Medikament gegen die Not der Seele. Immer aber muss sich der/die Helfende der Ambivalenz des zugesprochenen Wortes bewusst sein. Was den einen aufrichtet, kann den anderen entmutigen. Worte sind keine Patentrezepte, ihr Gebrauch erfordert „Geschmack" und große Behutsamkeit.

Der Klang der Stimme

Das berühmte Wort aus dem Johannesprolog, um dessen Übersetzung schon Goethe im *Faust* gerungen hatte, lautet: „Im Anfang war das Wort" (Joh 1,1). Im griechischen Original kann „Logos" „Wort", „Sprache" und „Rede", aber auch „Wertschätzung" und „Beachtung" bedeuten. Wir können den biblischen Satz mit „Im Anfang war der Klang" übersetzen. Das „Wort" des Neugeborenen ist ja auch grammatikalisch noch nicht als „Wort" gefasst und doch als seine „Rede" verstehbar, und wir reagieren auf diese klanglichen Bitten um Beachtung mit liebevoller Zuwendung.

Die menschliche Stimme ist die Hauptweise, in der der Mensch sein Interesse kundtut. Was er ist, das legt er in die Stimme, sagt der deutsche Philosoph Friedrich Hegel. Und Professor Higgins im Musical *My Fair Lady* meint gar: „Wenn man einem Menschen eine neue Stimme gibt, gibt man ihm auch einen neuen Charakter". Stimme bestimmt. Stimme bestimmt die Stimmung. Stimme ist immer original. Die Stimme gehört untrennbar zum Erscheinungsbild und zum Auftreten des Menschen. Stimme und Sprache stehen in unmittelbarem Zusammenhang mit der Gesamtpersönlichkeit eines Menschen. Sie lassen Aufschlüsse und Rückschlüsse zu, in welchem Maß die eigene Persönlichkeit bejaht und gelebt wird. Stimme und Sprache sind ein Spiegel, inwieweit es einem Menschen möglich ist, er selbst zu sein. Und Stimme sagt etwas über unseren inneren Zustand aus, sie ist unsere unverwechselbare Visitenkarte. Es klopft, ich frage: „Wer ist draußen?" „Ich!", ruft jemand. „Ah du!", sage ich und öffne die Tür ... Die Stimme ist der Fingerabdruck unserer Seele.

Im Grunde kann man keine Stimme „bilden", keine Redefähigkeit trainieren, ohne dass der Mensch innerlich mitreift. Die menschliche Stimme ist ihrem Ursprung und ihrem Wesen nach etwas *von innen*. Sie hat mit Spiritualität im wörtlichsten Sinn des Wortes zu tun.

Das lateinische Wort „spiritus" bedeutet „Hauch, Atem".
Stimme ist physikalisch betrachtet „hörbar gemachter Atem".
Ich atme ein und mit der ausgeatmeten Luft werden Laute
gebildet, die sich zu Botschaften formen. Stimme ist so gesehen
im eigentlichen Sinne des Wortes ein hauchendes, ein „spiritu-
elles" Geschehen.

Als Ausdruck des Seelischen führt Stimme den Menschen zu
sich selbst, und gleichzeitig über sich selbst hinaus. Die Arbeit
mit der eigenen Sprechstimme, die Entwicklung und Entfaltung des eigenen Sprechpotentials geht immer mit geistig-kör-
perlich-seelischer Entwicklung einher. Der Trainer und die
Mitmenschen hören die positiven Veränderungen oft viel
schneller und deutlicher als der Betreffende selbst. Jede Therapie und jedes seelsorgliche Gespräch, das einen Menschen
ermutigt, die Not, unter der er leiden mag, ins Wort zu bringen, hat im Grunde diese Wirkung. Ich höre oft von verwun-
derten Patienten, dass nach wenigen Therapiestunden ihre
Angehörigen aus der veränderten, kräftigeren Stimme bereits
eine Besserung „heraushören" können …

Sprechtechnische Übungen gehen Hand in Hand mit den
Erweiterungen der eigenen Ausdrucksmöglichkeit. Die
bewusste Sprechschulung führt (zurück) zur Freude am Sprechen, zur Lust an der Äußerung. Ernsthaft und motiviert
betrieben ist sie eine ganzheitliche, heilsame Persönlichkeits-
schulung, die zurück zu den Ursprüngen unserer Kreativität
führt. Je ernsthafter wir das betreiben, umso spielerischer kann
es gelingen.

Die geschätzte Hälfte aller unserer Ängste hängt mit der Angst
der Menschen vor der freien Rede zusammen, weil sie spüren,
dass sie spürbar, hörbar und in einer neuen Weise sichtbar werden, wenn sie ihre Stimme erheben.

Die 10 Grundäußerungen
der menschlichen Stimme

Bitten

„Bitten" ist die erste Grundäußerung des Menschen. Das Neugeborene bereits artikuliert seine Bedürfnisse über die Stimme, noch ohne Grammatik, aber unüberhörbar und (relativ) leicht zu verstehen. Der Mensch, ein Mangelwesen, beziehungshungrig, bleibt ein Leben lang auf Kooperation angewiesen, wie autonom er sich auch geben mag. Wer auf welche Weise auch immer „bitte" sagt, gesteht ein, dass er Hilfe braucht und bereit ist, sie auch anzunehmen. Bitten kann nur, wer erkennt und akzeptiert, dass er als Individuum Teil einer Gemeinschaft ist. Im alten Griechenland hat man die, die ihr Haus außerhalb der Stadt gebaut haben, die man also um nichts bitten konnte, „idiotes" genannt, ein Ausdruck, der auch heute noch bedeutet, was er damals schon bezeichnen wollte. Bei den Römern nannte man sie „privati" (von lat. privari = berauben). Privatleute, Beraubte, Menschen also, die sich selbst um die Dienste der Gemeinschaft „berauben" und ihrerseits der Gemeinschaft ihren Beitrag vorenthalten.

Danken

Der Arzt Dr. Curt Emmerich ist als Schriftsteller unter dem Namen Peter Bamm bekannt geworden. In seinem Buch *Die unsichtbare Flagge* erzählt er von einem Erlebnis, das er als Arzt hatte. Ein junger Mann mit einem vollständig zerfetzten Gesicht wurde zu ihm gebracht. Der Chirurg machte sich daran, das Gesicht wieder herzustellen. Allmählich entstand unter den Händen des Arztes das zerstörte Gesicht wieder. Da kam die letzte Phase der Operation. Dem Patienten wurde der zweite Mundwinkel zusammengenäht. Am Ende richteten die Helfer den Verwundeten auf. Da er infolge der örtlichen Betäubung keine Schmerzen hatte, bat ihn der Arzt: „So, nun sprechen Sie mal!" Der junge Mann bewegte vorsichtig seine Lippen und artikulierte dann mit einem Lächeln: „Danke schön!"[130]

Das deutsche Wort „danken" leitet sich von „daran denken" ab. Bei einer gesunden Beziehung zu Umwelt und Mitmenschen führt die Frage nach Ursprung und Werdegang in die Erfahrung, dass der Mensch nicht der Grund seiner selbst ist. Er allein genügt nicht, um sich erklären zu können, warum er da ist. Er konnte seinen Platz in dieser Welt deshalb finden, weil andere für ihn Platz gemacht haben. In der Art und Weise, wie das geschehen konnte, liegen die wesentlichen Wurzeln für Glück und Unglück im Leben eines Menschen und seine mehr oder weniger ausgeprägte Fähigkeit „danke" sagen zu können.

Staunen

Staunen heißt anerkennen, dass der Staunende nicht der Grund für das sein kann, was er bestaunt. Wer staunt, anerkennt seine Grenzen, wie etwa Anton Bruckner, dem das Musikstück eines Musikerkollegen sehr beindruckt haben muss: „Sehr schön, aber leider nicht von mir!" Dem Staunenden fehlen in der Regel die Worte. Nie ist der Mensch weniger vom Größenwahn bedroht und in Gefahr, sich mit Gott zu verwechseln als im Moment des Staunens.

Loben

Loben heißt „gutheißen", „anerkennen", „bestätigen", „ermutigen", „motivieren", zeigen, dass man sieht, was ein Anderer zu Wege gebracht hat und zu leisten im Stande war.

Jammern und Klagen

Klagen bedeutet in der deutschen Sprache zunächst „vor Trauer oder Schmerz schreien und jammern". Der rechtliche Sinn des Wortes entwickelte sich schon früh aus dem Brauch, beim Ertappen eines Verbrechers ein Not- und Hilfsgeschrei zu erheben und den Täter vor Gericht mit Geschrei und Gejammer zu beschuldigen. So bedeutet Klage nicht nur Jammer, sondern auch Beschuldigung.

Zurechtweisen und Tadeln

Menschen brauchen Regeln. Je weniger, umso besser. Aber ganz ohne Regeln wird das Miteinander etwa schon im Straßenverkehr schwer möglich sein. Vereinbarungen und Absprachen wollen eingehalten werden. Zurechtweisungen sind unter Anklage erhobene Erinnerungen an die vereinbarten Regelungen. Als „unbescholten" gilt, wem eine „tadellose" Lebensführung ohne Zurechtweisung attestiert werden kann.

Fluchen und Verwünschen

In den Erfahrungen tiefster menschlicher Not sind Flüche und Verwünschungen oft der ohnmächtige Ausdruck der Verzweiflung. Wie für alles Lebendig-Konkret-Menschliche ist auch hier die Bibel eine beinahe unerschöpfliche Fundgrube: Jeremia am Tiefpunkt seiner Existenz ruft aus: „Verflucht sei der Tag, an dem ich geboren bin! Der Tag, da mich meine Mutter gebar, nimmer werde er gesegnet!" (Jer 20, 14).[131]

Segnen

Das deutsche Wort „Segnen" kommt von lat. „signare" = „bezeichnen". Das lateinische Wort wiederum für „segnen" lautet „benedicere", das wörtlich mit „zustimmen", „bejahen", „gutheißen" übersetzt werden kann. Ob ich jemandem im religiösen Kontext Segen zuspreche oder ihm im alltäglichen Umgang seine Würde zuerkenne und so „Ja" zu ihm sage, es sind nützliche Variationen respektvollen Umgehens miteinander.

Singen

Bei keiner anderen Grundäußerung der menschlichen Stimme ist der Klang so im Zentrum wie beim Singen. „Wem das Herz voll ist, dem geht der Mund über", sagt ein Sprichwort. Und Augustinus von Hippo wird das Wort zugeschrieben: „Cantare amantis", was frei mit „Singen ist Ausdruck eines liebenden Herzens" übersetzt werden kann. Singen dürfte ursprünglich wohl das feierliche Sprechen und Vortragen von liturgischen Texten beim Gottesdienst bedeutet haben. Menschen, die gern singen, sagen, dass sie durch Gesang viel besser zum Ausdruck bringen können, was sie bewegt. Menschen, die diesbezüglich früh entmutigt wurden, haben in der Regel eine große Scheu davor.

Schweigen

Yehudi Menuhin sagt über den Wert des Schweigens: „Schweigen ist Stille, aber nie Leere: Es ist Klarheit, aber nie Farblosigkeit; es ist Rhythmus wie ein gesunder Herzschlag; es ist das Fundament allen Denkens und damit das, auf dem jedwedes Schöpferische von Wert beruht. Aus dem Schweigen entsteht alles, was lebt und dauert; besitzt man diese schweigende Stille in sich, kann man dem äußeren Lärm mit Gleichmut begegnen; denn das Schweigen verbindet uns mit dem All, mit dem Unendlichen, es ist die Wurzel der eigenen Existenz und damit das Gleichgewicht des eigenen Lebens."[132] Das Schweigen, vielschichtig und mehrdeutig, ist das reichste, spannendste und komplizierteste Feld der menschlichen Sprache. Vom „eisigen" bis zum „erfüllten" Schweigen erstreckt sich ein weites Feld. In den tiefsten Momenten des Glücks und der Trauer versagt uns die Stimme ihren Dienst und führt so ins Schweigen. Als Ijobs Freunde von seinem Elend hörten, vereinbarten sie, hinzugehen, um ihn zu trösten: „Sie saßen bei ihm auf der Erde sieben Tage und sieben Nächte; keiner sprach ein Wort zu ihm. Denn sie sahen, dass sein Schmerz sehr groß war" (Ijob 2,13).

Die Heilkraft des Wortes

„Gott sprach: Licht werde! Licht ward.
Gott sah das Licht: dass es gut ist."[133]

Mit diesen beiden Sätzen aus dem Schöpfungsbericht der Bibel kann eine stimmige Grundlage für psychotherapeutisches und seelsorgliches Handeln aufgezeigt werden.

Das hebräische Wort „dabar" hat eine Doppelbedeutung, es meint „Wort" und „Tat". Wenn es also heißt: „Gott sprach: Licht werde! Licht ward", dann werden für hebräische Ohren die beiden Bedeutungen in ihrem ürsprünglich engsten Zusammenhang gesehen. Was Gott sagt, das tut er auch, zwischen dem Aussprechen und dem Tun liegt „nur" die Dynamik des Entstehens. Schöpfung bedeutet so betrachtet, das Wort Tat werden zu lassen, es nicht nur hören, sondern auch sehen und spüren zu können. In diesem schöpferischen Sinne waren Sokrates und Jesus Meister des Wortes.

Die vielen Begegnungsgeschichten des Jesus aus Nazareth sind im Kontext der hebräischen Bedeutung des Wortes „dabar" noch besser zu verstehen. Lukas berichtet: „Und viele Leute suchten ihn festzuhalten; denn eine Kraft ging von ihm aus, und er heilte alle" (Lk 6,19).[134] Die Lehre Jesu ist die Heilung. Er lehrt und heilt. Seine Botschaft ist eine wohltuende, ermutigende, heilende, im besten Sinn des Wortes eine „therapeutische": „Er zog in ganz Galiläa umher, lehrte in den Synagogen, verkündete das Evangelium vom Reich und heilte im Volk alle Krankheiten und Leiden" (Mt 4,23). Und wenn einige Kapitel später berichtet wird, dass Jesus die Zwölf aussandte „zu predigen und zu heilen" (Lk 9,2), dann ist es im Grund der Auftrag, mit dem Wort so umzugehen, dass es Wirkung zeigt, Spuren hinterlässt, Hoffnung gibt und Linderung bewirkt. „Predigen" heißt, so lange sich mit einem Menschen zu befassen, bis er glauben und spüren kann: Da geht es ja um mich! Es war dieser Zusammenhang von Religion und Therapie für Jesus so wesentlich, dass er im 6. Kapitel des Markus-Evangeliums sagt, die Jünger sollten in die Dörfer Galiläas gehen und die Dämonen austreiben, die Krankheiten heilen und dann davon reden, wie nah Gott den Menschen sei. Da ist es für Jesus ein und dasselbe, ein religiös motiviertes Vertrauen zu bilden und dem Menschen die Angst zu nehmen, die, wird sie nicht beseitigt, ihren Niederschlag in körperlichen Leiden findet.

Diese ursprüngliche Bedeutung des Wortes „dabar" könnte also für Psychotherapie und Seelsorge zum eigentlichen Leitmotiv werden. Es geht um die Ermutigung, endlich auszusprechen, was viel zu lange unausgesprochen darauf wartet, in Erscheinung treten zu können, an die Oberfläche zu kommen, vernehmbar zu werden. Und mit dem Aussprechen ist eine Art „Schöpfungsakt" vollzogen; zwar ist „gesagt" noch nicht „getan", aber ein erster Schritt in eine unumkehrbare Richtung ist gesetzt, den viele Patienten immer wieder mit dem Gefühl beschreiben, „wie neu geboren" zu sein.

Der Boden, auf dem solches „Neugeborenwerden" wachsen kann, besteht in der Grundhaltung der unverdienten und bedingungslosen Akzeptanz des anderen Menschen. Kein „du sollst", kein „du musst", auch kein „du wirst jetzt!", sondern einfach nur „du da", der eine dem anderen in Augenhöhe gegenüber, als Auftakt der Begegnung und Ausgangspunkt kommender Hilfe und Heilung.

Der Refrain im Schöpfungsbericht der Bibel lautet sieben Mal: „Gott sah, dass es gut ist." Und am Ende heißt es: „Gott sah alles, was er gemacht hatte, und da, es war sehr gut."[135] Ohne diese bedingungslose Zusage, dass es „gut" ist, ist Psychotherapie nicht leistbar und Seelsorge nicht sinnvoll.

Matthias Varga von Kibed[136] unterscheidet in der menschlichen Sprache drei Ebenen, die normative, die deskriptive und die kurative Ebene der Sprache. Normativ ist Sprache dort, wo sie Normen vorgibt und Regeln verkündet, deskriptiv, wenn sie beschreibt, was vorgefunden wird, wie etwa in der Wettervorhersage oder bei der Beschreibung einer Landschaft. Die kurative Ebene stellt die für Psychotherapie und Seelsorge bedeutendste Dimension der Sprache dar; es ist eine Sprache, die wie eine Kur wirkt, die wohl tut, die zu Herzen geht, die aufbaut, die ermutigt, die heilt, die hilft. Der Gebrauch der Sprache in der menschlichen Kommunikation ist dann als Instrument „richtig" eingesetzt und verantwortbar, wenn kurativer, deskriptiver und normativer Anteil je nach Thema und Inhalt in einem ausgewogenen Verhältnis zueinander stehen. In den Jahrzehnten meiner seelsorglichen Tätigkeit habe ich manchmal meinen Ohren nicht getraut, mit welchen Fragen Menschen zum Seelsorger gekommen sind. Sie wollten von mir wissen, ob sie das, was sie getan haben, auch hätten tun dürfen. Sie waren in einer religiösen Atmosphäre aufgewachsen, die hauptsächlich unter dem Kommando normativer Sprache stand.

Therapie und Seelsorge finden zuallerst und hauptsächlich als kuratives Gespräch statt. Genau betrachtet treffen dabei in der Ausschließlichkeit einer Begegnung unter vier Augen zwei Experten aufeinander: Auf der einen Seite die Therapeutin/der Therapeut oder die Seelsorgerin/der Seelsorger als „die Experten der behutsamen Frage", auf der anderen Seite der Hilfe und Orientierung suchende Mensch als „der Experte seiner eigenen Biografie und ihres komplexen Verlaufs".

Sigmund Freud schreibt bereits 1890: „Worte sind ja die wichtigsten Vermittler für den Einfluss, den ein Mensch auf den anderen ausüben will; Worte sind gute Mittel, um seelische Veränderungen bei dem hervorzurufen, an den sie gerichtet werden, und darum klingt es nicht länger rätselhaft, wenn behauptet wird, dass der Zauber des Wortes Krankheitserscheinungen beseitigen kann, zumal solche, die selbst in seelischen Zuständen begründet sind."[137]

Wenn Freud das Wort als das „chirurgische Messer des Therapeuten" bezeichnet, so wird darunter zu schnell das Deutewort des Helfers verstanden. Viel wichtiger und heilsamer aber ist das Wort, das aus dem Mund der Patientin und des Patienten, des glaubenden und/oder suchenden Menschen kommt, mit dem er endlich auszudrücken vermag, was viel zu lang in seinem Leben unsagbar geblieben war. In einem Gedicht von Peter Turrini heißt es:[138]

Wie lange noch
werde ich alles hinunterschlucken
und so tun
als sei nichts gewesen?

Wie lange noch
werde ich auf alle eingehen
und mich selbst
mit freundlicher Miene
vergessen?

Wie lange
müssen sie mich noch schlagen
bis dieses lächerliche Grinsen
aus meinem Gesicht fällt?

Wie lange noch
müssen sie mir ins Gesicht spucken
bis ich meine wahres
zeige?

Wie lange
kann ein Mensch
sich selbst nicht lieben?

Es ist so schwer
die Wahrheit zu sagen
wenn man gelernt hat
mit der Freundlichkeit
zu überleben.

Was ist Wahrheit?

Sarvepalli Radhakrishnan, Indiens erster Staatspräsident, greift in seinem Werk *Östliche Religionen und westliches Denken* eine kleine Erzählung auf: „Es war einmal, so erzählt Buddha, ein König von Benares, der rief zu seiner Zerstreuung etliche Bettler zusammen, die von Geburt an blind waren, und setzte einen Preis aus für denjenigen, der ihm die beste Beschreibung eines Elefanten geben würde. Zufällig geriet der erste Bettler, der den Elefanten untersuchte, an dessen Bein, und er berichtete, daß der Elefant ein Baumstamm sei.
Der zweite, der den Schwanz faßte, erklärte, der Elefant sei wie ein Seil. Ein anderer, welcher ein Ohr griff, beteuerte, daß der Elefant einem Palmenblatt gleiche, und so fort. Die Bettler begannen miteinander zu streiten, und der König war überaus belustigt."[139]
Die Geschichte zeigt, wie Menschen das eine oder andere Teilstück „begreifen" und doch nicht verstehen und so in erbitterten Streit geraten, weil sie schwer akzeptieren können, dass keiner alles „begreifen" und „wissen" kann und vor allem dass auch andere etwas begreifen können.
In den wesentlichen Fragen des Lebens ähneln die Menschen den „blinden" Bettlern; und es ist manchmal besonders schmerzlich zu beobachten, wie Verantwortliche dem König gleich „ihr Spiel" mit der Blindheit der Menschen treiben und ihrerseits mit dem Anspruch der absoluten Wahrheit glauben, auf die Erfahrung anderer verzichten zu können. Die Heftigkeit des „blinden Streits" ist nicht selten Gradmesser nicht des Rechts, sondern der Rechthaberei und damit gleichzeitig ein unbewusster Ausdruck der Angst, vielleicht doch nicht im Recht zu sein.
Die berühmte Frage des Pilatus an den gefangenen Jesus „Was ist Wahrheit?" kann verschieden betont werden. Spöttisch: Was ist *(denn schon)* Wahrheit? Aber auch: Was ist (in diesem Fall) *Wahrheit?* Und schließlich zweifelnd: Was *ist* (was versteht man denn unter) Wahrheit?"[140]

Ingeborg Bachmann spricht davon, dass die Wahrheit dem Menschen zumutbar sein müsse[141] als eine Qualität, die tiefer reicht als Augen sehen. Wenn wir sagen, dass uns die Augen aufgegangen sind, dann meinen wir ja nicht, dass wir etwas „äußerlich" wahrgenommen hätten. Wir sagen damit, dass wir etwas begreifen, was wir doch nicht sehen können.[142] Bachmann hält ihre Rede vor Kriegsblinden und fragt, wer, wenn nicht jene, die ein schweres Los getroffen hat, wüssten besser, dass unsere Kraft weiter reicht als unser Unglück, dass man um vieles beraubt sein könne, aber sich dennoch zu erheben weiß und enttäuscht, das heißt, „ohne Täuschung", zu leben vermag.[143] Eine so verstandene Wahrheit ist der innere Erfahrungsschatz aus der Weisheit des Herzens eines Menschen. Sie ist nicht nur zumutbar, sondern gut verträglich, wenn sie wie ein „Pallium",[144] wie ein wärmender Mantel entdeckt werden kann oder angeboten wird.

Gibt es, so könnten wir fragen, die Wahrheit, felsenfest und unumstößlich? Gibt es Wahrheiten, die als tiefste Form der Übereinstimmung so klar sind, dass sie als Ausgangspunkte von seelsorglicher und therapeutischer Arbeit gelten könnten? Mit diesen Fragen nach der Wahrheit geraten wir natürlich für die von Psychotherapie und Seelsorge reservierten Bezirke auf ein spannendes, um nicht zu sagen spannungsgeladenes Feld. Die naturwissenschaftlichen Wahrheiten hier und die Glaubenswahrheiten dort verlangen nach einem möglichst neutralen Boden, wo Begegnung nicht zur Farce wird, sondern als Ausgangspunkt helfenden Tuns für beide Seiten möglich erscheint.

Jorge Bucay, 1949 in Buenos Aires geboren, argentinischer Psychiater und Psychotherapeut, ein wunderbarer Meister der großen und kleinen Wahrheiten des Lebens, nennt in seinem Buch *Geschichten zum Nachdenken*[145] drei Gedanken, die für ihn so sicher und verlässlich seien, wie sie es nach gesundem Menschenverstand nur sein könnten. Mit dem ersten dieser Gedanken müssen wir uns hier kurz befassen, weil er mir sowohl für die Psychotherapie als auch für die Seelsorge zur Grundvoraussetzung heilsamer Begegnung geworden ist. Und dieser Gedanke lautet kurz und bündig: „Was ist, das ist." Der Satz kann an Schlichtheit nicht übertroffen werden. Auf viele mag er banal wirken. Um aber zu wissen, dass „das, was ist, ist", muss man zunächst einmal akzeptiert haben, dass die Geschehnisse, die Dinge, die Situationen eben so sind, wie sie sind. Das ist der Ausgangspunkt jedes vertrauensvollen Gespräches als tiefste und erste Form der gegenseitigen Anerkennung und Anteilnahme:

> Die Wirklichkeit ist nicht so, wie ich sie gerne hätte.
> Sie ist nicht so, wie sie sein sollte.
> Sie ist nicht so, wie man mir gesagt hat, dass sie sei.
> Sie ist nicht so, wie sie einmal war.
> Noch ist sie so, wie sie morgen sein wird.
> Die Wirklichkeit um mich herum ist, wie sie ist.[146]

Die Voraussetzung dafür, einen Weg zu beginnen, besteht im lapidaren Eingeständnis, dass ich bin, wo ich bin. Wenn der „Standpunkt" nicht „eingestanden" wird, kann er auch nicht vertreten werden und schon gar nicht als Ausgangspunkt meines Weges dienen. Weil ich einen Weg nur dort beginnen kann, wo ich gerade stehe, muss ich zunächst die Dinge so akzeptieren, wie sie sind. Wenn ich diesen verlässlichen Ausgangspunkt nicht anerkenne, kann es keinen Weg geben und in der Folge auch auch keine wirkliche Begegnung. Dass eine solche Übereinkunft die Wahrheit betreffend nicht nur möglich, sondern auch für andere helfende Berufe sinnvoll erscheint, versucht die Psychotherapie durch ihre Arbeit verstehbar zu machen.

Daraus folgt in direkter Ableitung, dass auch ich bin, wer ich bin. All unsere Neurosen beginnen damit, mutmaßt Bucay, dass wir versuchen, jemand zu sein, der wir nicht sind. „Alles begann an jenem grauen Tag, an dem du aufhörtest, stolz ‚Ich bin!' zu sagen."[147] Stattdessen fingst du an ‚Ich sollte sein!' zu denken. Und wenn es schon schwierig ist, zu akzeptieren, dass ich bin, wer ich bin, wie viel schwieriger mag es dann manchmal sein, im Anderen den zu sehen, der er ist, nicht so, wie ich ihn haben will, nicht so, wie er mir passt, nicht so, wie er einmal war oder demnächst sein wird. Er ist, wie er ist. Dies zu akzeptieren bedeutet, ihn zu respektieren und nicht von ihm zu verlangen, dass er sich ändert. Bucay „definiert" deshalb Liebe „als die uneigennützige Aufgabe, Raum zu schaffen, damit der andere sein kann, wer er ist".[148] Ein liebevolleres Nachdenken über die Wahrheit und eine bessere Beschreibung der Aufgabe von Psychotherapie und Seelsorge habe ich bisher nicht finden können. Auch Lehren und Handeln des Weisen von Athen und des Mannes aus Nazareth lassen sich mit diesen Worten wunderbar benennen.

Die Dynamik der Zerstörung: Bewunderung, Neid, Eifersucht ...

In der Komödie *Einladung ins Schloss* des französischen Dramatikers Jean Anouilh (1910–1987) beginnt der dritte Akt mit einer Unterhaltung zwischen einer liebenswürdigen alten Dame, die an einen Rollstuhl gefesselt ist, und ihrer humorlosen, vertrockneten und hässlichen Gesellschafterin. Während das Fest in vollem Gang ist und die Gesellschafterin bedauert, in solchen Nächten nicht mit von der Partie sein zu können, schaut die alte Dame den Tanzenden gelangweilt zu und tröstet ihre Gesellschafterin mit dem Hinweis: „Ihnen bleibt immer noch der liebe Gott ... Sie werden in einem bequemen Sessel zu seiner Rechten sitzen, während ich zunächst einmal zwei oder drei Jahre auf kleinem Feuer geröstet werde." Die Gesellschafterin antwortet ihr: „Gottes Barmherzigkeit ist ohne Grenzen, Madame." Davon ist auch die alte Dame überzeugt: „Das versteht sich von selbst, dass er seine Versprechungen hält", wirft sie ein, „sonst wären ja die Gerechten, die sich auf ihn verlassen haben, verraten und verkauft." Schmunzelnd fährt sie fort: „Ich habe oft vom Tage des Jüngsten Gerichtes geträumt und das empörte Geschrei der Glückseligen gehört: ‚Unerhört, er verzeiht ja den anderen auch!‘ Das trieb ihnen derart die Galle heraus, brachte sie so in Wut, dass sie nicht mehr an sich halten konnten. Sie stießen schreckliche Verwünschungen aus. Und was war die Folge? Sie kamen selber in die Hölle. Es war zu hübsch!"[149]

Ein Sprichwort sagt, dass der Mensch zwei Feinde hätte, den Bewunderer und den Neider. In beiden Fällen wird an Stelle einer Brücke zum anderen Menschen ein schwer zu überbrückender Abgrund zwischen den beiden geschaffen. Das Ergebnis ist in beiden Fällen Distanz. Der Bewunderer schädigt sich selbst, wenn er durch den fixierten Blick auf das, was ein anderer kann, blind zu werden droht für die eigenen Fähigkeiten. Der Neider schädigt sich obendrein durch die negativen Gedanken, die, je länger desto mehr, auch in seinen Gesichtszügen abzulesen sein werden und ihn letztlich krank vor Eifersucht werden lassen. Nichts lässt ein Auto so schnell alt werden wie die Tatsache, dass sich der Nachbar ein neues gekauft hat ...

Die oben vorgestellte „Wahrheit" könnte auch in diesem Zusammenhang hilfreich sein und dazu ermutigen, das, was ist, anzuerkennen, das bejahen zu können, was sich uns zeigt: Bewunderung, Neid, Eifersucht, Wut, Lüge und Verachtung sind besonders intensive und zerstörerische Kräfte im Menschen. Es ist nicht leicht, ihre Psycho-Logik zu verstehen und ihre Kräfte zu bändigen. Die Analyse ihrer Herkunft führt in eine komplexe Psychokriminologie des persönlichen Alltags. Aber auch hier könnte die oben vorgestellte Art von Wahrheit als Ausgangspunkt heilender Begegnung wenn schon nicht helfen, so doch wenigstens die Hitze des Gefechts mindern: Angesichts dessen, was sich mir im Blick auf den anderen Menschen zeigt, lohnt sich der Versuch einer engagiert gelassenen Betrachtung: Dein Weg ist deiner. Mein Weg ist meiner. Es gibt Momente, da wünschte ich, dein Weg wäre meiner und du könntest an meiner Statt eine Wegstrecke weit für mich gehen, aber dann wäre dein Weg nicht mehr deiner und meiner nicht meiner. Im Wissen umeinander und getrennt voneinander gehen wir deshalb unseren Weg – du drüben, ich herüben.

Ich gönne dir, was dir möglich ist, du gönnst mir, was mir möglich ist, auch dann, wenn mein Weg so aussieht, als könnte er gelingen ... Und so sind wir beide unterwegs, von Eisscholle zu Eisscholle hüpfend, immer das tobende Meer unter unseren Füßen; das wäre, sagt Albert Paris Gütersloh, die rechte Fortbewegungsart des Menschen.

Es ist unsinnig, sich mit anderen Menschen zu vergleichen, denn es wird immer Menschen geben, die besser, größer, erfolgreicher sind und daneben Menschen, die schlechter, kleiner, erfolgloser durchs Leben gehen; der Vergleich macht unsicher, führt in die Irre und nützt niemandem ...

Nähe und Distanz

Jean Paul Sartre wird folgender Satz zugeschrieben: „Die Heilung eines Kranken muss damit beginnen, sich gegenseitig ins Gesicht zu sehen, sie kann nur erfolgen im Verlaufe eines langen Abenteuers zu zweit, in der Intimität menschlicher Wechselbeziehungen, nicht anonym, unpersönlich, mit Worten wie aus Stein."

Die kompetente Begleitung eines Menschen während seiner Krankheit und in seiner Not ist „ein langes Abenteuer zu zweit". Die ausgewogene Balance von Nähe und Distanz bildet in jeder Art der Kommunikation, aber vor allem in den sogenannten „helfenden Berufen" die wesentliche Voraussetzung für effektive berufliche Hilfestellung.

Alfred Adler erklärt den von ihm geprägten Begriff „Gemeinschaftsgefühl" durch die Fähigkeit, „mit den Augen des anderen zu sehen, mit den Ohren des anderen zu hören und mit dem Herzen des anderen zu fühlen".[150] Es geht um die Fähigkeit „Nähe" zu ermöglichen und „Einfühlungsvermögen" zu zeigen.

Es ist keine therapeutische oder seelsorgliche Begegnung denkbar, die nicht von dieser Grundhaltung getragen wäre; auch jede Begegnungssituation im Alltag lebt davon. In der Psychotherapie lautet der Fachausdruck dafür „Empathie". Dieses Einfühlungsvermögen, die Kunst, sich mit dem anderen Menschen so zu beschäftigen, dass der Helfende eine Ahnung bekommt, was im Inneren des anderen vor sich geht, kann in seiner Eigenart nur paradox beschrieben werden: Einerseits müssen Helfende echt und natürlich sein, aber andererseits müssen sie sich ihrer Professionalität bewusst bleiben und Distanz wahren. Offen, echt und natürlich, gleichzeitig distanziert und neutral.

In der Psychotherapie nennen wir heute den nicht wertenden und gewichtenden Aspekt dieser Begegnung die „technische Neutralität" und verstehen darunter die Weigerung des Therapeuten, im Wiederholungszwang und Übertragungsspiel auf die eine oder andere Weise mitzuspielen, allen Tendenzen, Gefühlen, Wünschen und Abwehrmaßnahmen der Patientin/des Patienten mit derselben Aufmerksamkeit, demselben Wohlwollen und Interesse, aber auch derselben kritischen Einstellung zu begegnen. Das mag „gefühlskalt" wirken, ist aber etwas ganz anderes.[151]

Abstinenz, oder besser gesagt „technische Neutralität", persönliche Zuwendung und emotionales Engagement sind in diesem Zusammenhang dialektisch zueinandergehördene Aspekte der analytischen Haltung. Die Empathie, das Einfühlungsvermögen, bleibt dabei aber das Herz des ganzen Prozesses. Es geht dabei immer um „die Fähigkeit, das psychische Leben anderer Menschen einfühlend wahrzunehmen und zu verstehen".[152]

Auf den ersten Blick mag diese Haltung als die Quadratur des Kreises erscheinen. Aber so befremdlich und ohne Vorbild ist sie bei genauerem Hinsehen nicht. Jede Beziehung bis hin in die Intimität der Partnerschaft hat ihr je eigenes Verhältnis von Nähe und Distanz. Der Alltag unterscheidet sich darin nur unwesentlich von der Therapie und die Therapie nur unwesentlich von der Liturgie.

4. Sokrates und Jesus: heilende Weisheit aus Athen und Nazareth

Sokrates (469/470 v. Chr.–399 v. Chr.) ist für das abendländische Denken der grundlegendste griechische Philosoph, Sohn eines Bildhauers und einer Hebamme. Tag für Tag soll er sich einfach, fast ärmlich gekleidet auf den Straßen und Plätzen Athens aufgehalten haben, umgeben von einer bunten Schar von Schülern, darunter viele Jünglinge aus den führenden Familien der Stadt. Sokrates lehrte unentgeltlich und ernährte sich durch die Gastfreundschaft seiner Schüler und Freunde. Seine herausragende Bedeutung ist allein schon daraus erkennbar, dass in der Philosophiegeschichte alle griechischen Denker vor ihm als „Vorsokratiker" bezeichnet werden. Nahezu alle bedeutenden philosophischen Schulen der Antike berufen sich auf ihn.

Sokrates entwickelte eine Gesprächsmethode, die er „Mäeutik" = „Hebammenkunst" nannte. Die Grundlage dieser Kunst besteht in der Überzeugung, dass die Wahrheit dem Menschen nicht „hineingesagt", sondern „hebammengleich" aus ihm heraus „freigearbeitet" werden müsse. Diese Kunst der Gesprächsführung ist nur indirekt überliefert, weil Sokrates selbst keine schriftlichen Aufzeichnungen hinterlassen hat. Ihm wird 399 v. Chr. der Prozess gemacht wegen seines angeblich verderblichen Einflusses auf die Jugend und wegen Missachtung der Götter. Sein Schicksal und die Gelassenheit, mit der er das Urteil annimmt und den „Schierlingsbecher"[153] trinkt, legen im christlichen Kontext durchaus Parallelen zum Prozess und Sterben Jesu nahe.

Sein Schüler Platon berichtet im *Phaidon*[154] das Sterben des Lehrers nach dem Trinken des Giftbechers: „Als ihm nun schon der Unterleib fast ganz kalt war, da enthüllte er sich, denn er lag verhüllt, und sagte, und das waren seine letzten Worte: O Kriton, wir sind dem Asklepios einen Hahn schuldig, entrichtet ihm den und versäumt es ja nicht. … Dies war das Ende unseres Freundes, des Mannes, der nach unserem Urteil von allen seinen Zeitgenossen, die wir erprobt haben, der edelste, verständigste und gerechteste war."

Sokrates und Jesus, beide setzen sie auf die Heilkraft menschlicher Begegnung. Beide sind sie Meister des Wortes, nicht in erster Linie durch Belehrung, sondern durch Ermutigung in ausschließlicher Zuwendung dem Einzelnen gegenüber. Dadurch werden dem hilfesuchenden, wissbegierigen, bedürftigen Menschen nicht zuallererst Fragen beantwortet, sondern Lasten von den Schultern genommen. Durch diese Erfahrung in der Begegnung mit dem Weisen von Athen oder dem Wanderprediger aus Nazareth werden bisher überlagerte persönliche Kräfte im Menschen frei und können nach und nach beginnen, sich zu entfalten.

Beide Traditionen, die sokratische und die jesuanische, die griechische und die jüdische, stehen den Pionieren der Psychoanalyse nahe, bewusst oder unbewusst schöpfen sie aus dem reichen Schatz der griechischen Philosophie und Mythologie wie auch aus biblischen Quellen.

Sokratisch-jesuanischer Optimismus

Im Umgang mit seinen Schülern war Sokrates wie gesagt davon überzeugt, dass sich die Wahrheit aus einem Menschen herausarbeiten, gleichsam „herausschöpfen" lasse, dass sie ihm nicht von außen „hineingesagt" werden müsse. Eine ähnliche Überzeugung finden wir auch rund 800 Jahre später bei Augustinus von Hippo. In seinem Werk *De vera religione* (39, 72)[155] schreibt Augustinus: „Geh nicht nach draußen! Kehr wieder ein bei dir selbst. Im inneren Menschen wohnt die Wahrheit." Darum soll der Weise von Athen seinen Schülern, die von ihm lernen wollten, zugerufen haben: „Sprich, damit ich dich sehe!" – „Tu' deinen Mund auf und zeig mir, wer du bist!" Erst dann, wenn du sagen kannst, was dich hergeführt hat, kann ich dir helfen zu sagen, was nur du sagen und im Sagen entdecken und verändern kannst. Das Instrument dieses Hebammendienstes ist das (endlich) gesprochene Wort, zu dem der Hilfesuchende ermutigt wird.

Es ist keine Psychotherapie denkbar, die nicht von dieser Voraussetzung ausginge, dass die Wahrheit in der menschlichen Person selber liege und dort zu finden sei. So ist es nach dem Credo der Psychotherapie möglich, in einem ruhig verlaufenden Gespräch einem Menschen zu zeigen, dass er das, was er sucht, in sich trägt und dort finden kann. Lediglich durch seine eigene Ungeübtheit in der Freiheit des Denkens und des bisher verlaufenden Lebens hatte sich bis jetzt noch nicht entfalten können, was im Menschen darauf wartet, hebammengleich ans Licht zu kommen. Diese Überzeugung ist für jede Art von Psychotherapie essenziell. Die Technik der freien Assoziation, die Sigmund Freud vor über hundert Jahren erfand, läuft auf ein unbeweisbares Vertrauen hinaus, dass der Mensch von Grund auf nicht so böse ist, wie er scheinen mag. Selbst das Schlimmste an ihm lässt sich auflösen durch die Macht des Verstehens. Nicht mit Hilfe des erhobenen Zeigefingers oder eines Moralisierens mit Druck und Zwang, sondern einzig durch ein Begleiten, durch Da-Sein und Gewähren-Lassen. Dabei wird der Verlauf eines Lebens und sein biographischer Hintergrund so lange von allen Seiten betrachtet und bedacht, bis sich klären lässt, woran die Seele leiden mag. Die Seele des Menschen erscheint in dieser Perspektive als ein Organ, das genau weiß, was es braucht, wenn man es sich nur frei artikulieren lässt. Das wurde die Grundlage des Vorgehens in der Psychoanalyse.

Als Eugen Drewermann 1996 beim 1. Weltkongress für Psychotherapie in Wien in seinem Vortrag von diesem Grundvertrauen sprach, hatte kein geringerer als Otto Kernberg[156] in der anschließenden Podiumsdiskussion darauf hingewiesen, dass er als Psychoanalytiker durch seine Arbeit mit psychotischen Patienten nicht bestätigen könne, dass das Schlimmste im Menschen durch die Macht des Verstehens geheilt werden kann. Drewermann gestand in seiner Antwort darauf durchaus den unbeweisbaren Rest von Unklarheit und Unbeweisbarkeit ein, wies aber auf die Praxis der psychotherapeutischen Behandlung hin, der durchaus „in gewisser Weise eine Nähe zur Pädagogik" zukomme. Keine Lehrerin und kein Lehrer, kein Vater, keine Mutter, kein Priester, kein Sozialarbeiter wäre verträglich, so Drewermann, wenn er/sie sich von einem Menschenbild leiten ließe, das Misstrauen und Angst vor den bösen Seiten des Menschen als etwas Wesentliches festschreibt. Das Bild vom Raubtier im Menschen, das man an die Kette legen müsse, um seiner sicher zu gehen, vereinbart sich mit keiner therapeutischen oder pädagogischen Option. Auch die neurobiologische Forschung bestätigt inzwischen, dass Menschen von Natur aus auf soziale Resonanz und Kooperation angelegt sind und ihre Aggression erst dort in Erscheinung tritt, wo die Möglichkeiten der sozialen Resonanz und Kooperation nachhaltig gestört sind und verhindert werden.[157] So herrscht die Vermutung, dass das Schlimmste am Menschen, selbst das Verbrecherische, dem Verstehen zugänglich ist. Das erspart dem Therapeuten allerdings nicht schmerzlich-schwierige Erfahrungen, die manchmal dieses Leitbild als idealistisch überhöht erscheinen lassen. Vielfach sind diese Grenzerfahrungen aber „nur" Hinweise darauf, dass die im Verborgenen liegende Psycho-Logik, der innere Sinn des Verhaltens eines Menschen, sich noch nicht offenbaren konnte.

Biblischer Befund

Fragen wir die Bibel nach Belegstellen, um eine so betrachtet sokratisch-jesuanisch-optimistische Vorgangsweise zu untermauern, so lassen sich über die vielen Begegnungs- und Heilungsgeschichten Jesu hinaus schon in der hebräischen Bibel eindeutige Hinweise in diese Richtung finden: „Mose sprach zum Volk: Du sollst auf die Stimme des Herrn, deines Gottes, hören … Du sollst zum Herrn, deinem Gott, mit ganzem Herzen und mit ganzer Seele zurückkehren. Denn dieses Gebot, auf das ich dich heute verpflichte, geht nicht über deine Kraft und ist nicht fern von dir. Es ist nicht im Himmel, so dass du sagen müsstest: Wer steigt für uns in den Himmel hinauf, holt es herunter und verkündet es uns, damit wir es halten können? Es ist auch nicht jenseits des Meeres, so dass du sagen müsstest: Wer fährt für uns über das Meer, holt es herüber und verkündet es uns, damit wir es halten können? Nein, das Wort ist ganz nah bei dir, es ist in deinem Mund und in deinem Herzen, du kannst es halten" (Dtn 30, 10-14).

Die Bibel Jesu betrachtet das Göttliche als innersten Kern des Menschen, in dem er seinem Schöpfer „zum Verwechseln ähnlich" ist. Und alle Religion findet darin ihren eigentlichen Sinn, im Menschen diesen Kern freizulegen und lebendig zu halten. Religion kommt ihrem Wesen nach von innen heraus und nicht von außen in den Menschen hinein, es sei denn, sie wird mit Hintergedanken und unausgesprochenen Nebenabsichten praktiziert. Religion artikuliert sich als menschliches Grundbedürfnis und benennt mit leiser Stimme den innersten Kern des Menschen unabhängig von seinen Taten als göttlich, gut und liebenswert. Aber auch und vor allem diese „leise Stimme" kommt von innen heraus als Kraft, aus der alle Religion ihre Berechtigung schöpft.

Wilhelm Bruners verdanke ich in diesem Zusammenhang einen wunderbaren Text,[158] der seit Jahren zu meinen literarischen Schätzen zählt:

Zum Verwechseln ähnlich

Gott hauchte den Lehm an,
und es wurde der Mensch.
Und Gott sagte:
Mensch! Du bist mein Bild,
mir aus dem Gesicht geschnitten.
Und das ist deine Würde –
Sie ist göttlich! Mensch!

Und der Mensch sah sich an:
Und im Spiegel sah er sein Gesicht
und er fand, es genüge nicht,
Gott zum Verwechseln ähnlich zu sein.
Und er ging hin und legte sich
Würden zu,
selbstgemachte Ämter und Aufgaben
und er fügte Titel an Titel,
und seine Schultern
konnten die Last kaum tragen.

Aber er wuchs und wuchs
und machte Karriere.

Und als Gott seinem Ebenbild
wieder begegnen wollte,
fand er es nicht wieder
unter all den Gewändern des Aufstiegs
und der selbsternannten Größe.

Da verließ Gott seinen Himmel
und begann den Menschen
zu suchen.

Die kirchliche Praxis

In der kirchlichen Seelsorge scheint dieser sokratisch-jesuanische Optimismus weitgehend verschwunden zu sein. An die Stelle des Vertrauens in die Regenerationsfähigkeit des Menschen ist eine Institution im Besitz der absoluten Wahrheit getreten. Der Mensch kann die Wahrheit gerade aus sich selber nicht finden, lautet die Theologenüberzeugung, sie muss ihm gesagt werden. Genauer, da der Mensch ein wirkliches Vertrauen als irrtumsfähige Person nicht verdient, benötigen wir ein Amt, das durch sich selber auf absolute Weise Gott auf Erden repräsentiert und verwaltet. In den Händen dieses Amtes, im römischen Papst und den Bischöfen, liegt die Garantie für die göttliche Wahrheit über alles Menschenleben. Religion bedeutet in diesem Zusammenhang Tradition. Über die Tradition wachen die Hüter der Wahrheit. Das Lateinische „traditio" kann mit „Überlieferung", aber auch mit „Verrat" übersetzt werden. Der Umgang mit der Tradition ist eine ständige Versuchung, aus Gründen der Macht die Gottebenbildlichkeit des Menschen zu vergessen und seine Grundbedürfnisse zu verraten.

Pragmatischer Individualismus

Psychotherapie geht davon aus, dass es sich lohnt, einem einzelnen Menschen Aufmerksamkeit über lange Zeit hindurch zu schenken. In dieser Zeit therapeutischer Aufmerksamkeit glauben wir, dass es auf der Welt nichts Wichtigeres zu tun gäbe, als einem bestimmten Menschen zuzuhören ohne zu wissen, wie sich das Gespräch entwickeln und ob es sich lohnen wird. Keine Garantie, nur das bedingungslose Vertrauen in die Kraft der Begegnung und des Verstehens steht am Beginn eines therapeutischen Weges. Dabei hören wir nicht auf, darauf zu hoffen, dass die komplexen Probleme, die ein Hilfesuchender nach und nach ausbreitet, nur durch liebevolle und kompetente Aufmerksamkeit diesem Einzelnen gegenüber kritisch durchleuchtet und hinterfragt werden können. Drewermann sieht deshalb in der Psychotherapie so etwas wie eine „Asylstätte" für das menschliche Leid. Und auch dafür finden wir Belege in der biblischen Tradition. Im Ersten Testament war der Tempel der Ort, an dem selbst ein Blutschänder geschützt werden musste, sofern er mit seinen Händen die Flanken des Altars umfing. „Jeder, der den Altar berührt, wird heilig" (Ex 29,37). Das heißt, das Individuum ist geschützt, es kommt ihm ein Wert an sich zu, der unabhängig von der Summe seiner Taten respektiert werden muss.

Biblischer Befund
Unzählige Stellen im Zweiten Testament belegen diese individuelle und ausschließliche Zuwendung Jesu einem Einzelnen gegenüber. Das Individuum als unteilbare Ganzheit steht im Zentrum der Aufmerksamkeit, ihm wird ein Wert an sich selbst zugesprochen: Dieser Wert steht im Mittelpunkt therapeutischer Begleitung und pastoraler Zuwendung.
Das biblische Bild vom guten Hirten (Joh 10,1-10) skizziert die Konzeption einer nachgehenden Seelsorge: Der Hirte verlässt die Herde für eine Zeit, um einem einzigen „Schaf" nachzugehen. Dieses Bild wird dort verzerrt, wo der Hirte und nicht das

Verlorene im Brennpunkt der Aufmerksamkeit steht. Dann wird aus dem Hirten der „Leithammel" und aus dem Suchen ein Kommando. Die Bibel meint mit diesem Bild aber etwas anderes, im Grunde das genaue Gegenteil. Die Herde wird im Vertrauen auf ihre eigene Lebendigkeit vom Hirten so lange allein gelassen, bis er das Verlorene gefunden hat, weil es von sich aus niemals die Kraft gefunden hätte, zur Gruppe zurückzufinden. Das Suchen, das unermüdliche Nachgehen, das Tragen des Verlorenen ist das „therapeutische Programm" des Jesus aus Nazareth. Das eigentlich Rettende dabei liegt im Klang der Stimme, im einander Kennen, im umeinander Wissen, im Wiedererkennen beim Wiederfinden: „Die Schafe folgen ihm", heißt es, „denn sie kennen seine Stimme" (Joh 10, 4-5).

Im 8. Kapitel bei Markus wird berichtet, dass man in Betsaida einen Blinden zu Jesus führte und ihn bat, ihn zu heilen: „Und er nahm den Blinden bei der Hand und führte ihn aus dem Dorf hinaus. Und er spuckte in seine Augen, legte ihm die Hände auf und fragte ihn: Erblickst du etwas? Und eben wieder aufblickend sagte er: Ich erblicke die Menschen. Denn: Wie Bäume sehe ich welche, die herumgehen. Danach legte er ihm abermals die Hände auf die Augen, und da blickte er scharf umher. Er ward wiederhergestellt und erblickte alles fernhin klar. Und er sandte ihn nach Hause und sagte: Geh gar nicht erst ins Dorf hinein" (Mk 8, 22-26).[159]

Drei Aspekte dieser biblischen Legende sind bemerkenswert und eine Kurzfassung dessen, worin Therapie und Seelsorge ihr Gemeinsames sehen könnten:

Erstens: Weit wichtiger als eine Wunderdemonstration vor der Dorföffentlichkeit ist für Jesus die ausschließliche Zuwendung diesem Einzelnen gegenüber. Die Berechtigung dazu ergibt sich einfach aus der Not des Blinden. Es ist nicht möglich, irgendeine Krankheit, irgendeinen wirklichen Schmerz im Menschen kollektiv zu heilen. Leo Tolstoi sagt am Anfang von *Anna Karenina*: „Alle glücklichen Ehen sind einander ähnlich; jede unglückliche Ehe ist unglücklich auf ihre Art."[160] Alles

4. SOKRATES UND JESUS

Unglück ist individuell, und es fordert allein schon deswegen eine ganz und gar persönlich individuelle Antwort heraus. Die Geschichte beginnt also unter dieser Voraussetzung und im Vertrauen, dass Heilung möglich ist. Jesus nimmt „seinen Patienten" bei der Hand und führt ihn „aus dem Dorf hinaus". Die therapeutische Zuwendung benötigt das Vertrauen und den intimen und geschützten Raum „außerhalb" des Dorfes, fernab vom Alltagsgetriebe. Therapeutische Begegnung ist strukturierte Auszeit in außergewöhnlicher Exklusivität.

Zweitens: Jesus spuckt dem Blinden auf die Augen, berührt ihn mit den Händen und fragt ihn, ob er schon etwas sieht. Was der Blinde nach dieser „ersten Behandlung" bereits ausmachen kann, die Schattenumrisse der „umhergehenden Bäume", ist noch nicht deutlich genug, um ihn als geheilt zu entlassen. Aber die Beschreibung des Patienten wird nicht als ungenau korrigiert, sondern einfach als momentaner Befund akzeptiert. Darauf legt ihm Jesus ein zweites Mal die Hände auf, und er kann klar sehen. Kein Befehl wird erteilt, was der Blinde zu tun hat. Stattdessen erleben wir einen Mann, der den anderen buchstäblich bei der Hand nimmt. Keine Korrektur, keine Belehrung, einfach ein Begleiten und wieder und wieder Zuwenden in inniger Berührung mit dem eigenen Speichel als wärmendes, öffnendes Instrument in therapeutischer Geduld bis zum Moment der Heilung.

Drittens: Der Geheilte wird nach der Behandlung in sein Haus geschickt. Er braucht nicht mehr bei der Hand genommen und geführt zu werden, er ist sehend geworden und kann jetzt selbst seinen Weg finden. Jesus trägt ihm auf: „Geh gar nicht erst ins Dorf hinein!" Setz dich nicht dem Geschwätz und der Neugier der Leute aus. Das heilende Geschehen führt ihn also aus dem Dorf hinaus und nicht wieder ins Dorf zurück. Sein Weg ist ab jetzt ein selbständiger. Er hat durch die unverwechselbare Begegnung seinen Weg gefunden und ist ein Sehender geworden. Um die Meinung der Leute braucht er sich nicht länger zu kümmern.

Die kirchliche Praxis

Es gehört zum kirchlichen Selbstverständnis, dass der Einzelne sich als Teil einer größeren Gemeinschaft begreift und sich anzupassen hat an das „Volk Gottes". Sigmund Freud hat 1923 in *Massenpsychologie und Ich-Analyse*[161] die katholische Kirche und das Heer als zwei „künstliche Massen" miteinander verglichen und, so verschieden beide sonst sein mögen, darin ihr Gemeinsames gesehen, dass die Mitglieder dieser „Massen" ausgerichtet bleiben auf eine befehlsgebende Obrigkeit hin. In der katholischen Kirche ist es Christus und dessen Stellvertreter auf Erden, in der Armee ist es der Feldherr. Beide „lieben" sie alle Einzelnen ihrer „Masse" mit der gleichen Liebe (wenn das denn die Möglichkeit wäre). Würde man diese streng hierarchische Struktur aufgeben, so zerfielen sie beide, Kirche wie Heer, vermutet Freud. Der Zusammenschluss unter den Mitgliedern so archaisch geordneter Sozialsysteme erfolgt aber nicht in der Absicht, Menschen mit Menschen in gegenseitiger Liebe zu verbinden, sondern zum Zweck, sie alle auszurichten auf eine befehlsgebende Zentrale hin; in beiden Bereichen gibt es als Erkennungsmerkmal die Uniformierung und in den hierarchischen Strukturen dort wie da eine reine Männergesellschaft. Der organisatorische Trick, mit dem das geschieht, ist der Versuch, die Sexualtriebe auszuschalten bzw. auf hierarchischer Ebene die Schuldsprechung der Liebe zwischen Mann und Frau zu betreiben. Eugen Drewermann hat in seinem Buch *Kleriker*[162] zu beschreiben versucht, wie allein der Zustand wirken muss, dass die Ämterhierarchie der Kirche besetzt ist mit Menschen, die spätestens im Alter von 25 Jahren versprechen müssen, dass sie niemals dahin kommen werden, eine Frau oder einen Mann wirklich zu lieben. Sie haben stattdessen die Gruppe zu lieben. Das Erotische, die Triebkraft des Lebendigen, die Beziehung von Mann und Frau werden so dem Sozialsystem „geopfert" und als „vollkommen neutral" zu behandeln versucht.

4. SOKRATES UND JESUS

Methodischer Immoralismus

In der Psychotherapie ist das Zurückstellen persönlicher Wertungen seitens des Therapeuten die Arbeitsvoraussetzung: Der Patient wird nicht dirigiert, nicht manipuliert, nicht normiert, nicht dogmatisiert, sondern einzig und allein und bedingungslos akzeptiert. Ausgangspunkt ist die (freilich unbeweisbare) Überzeugung, dass die Wahrheit des Menschen sich nicht moralisch beschreiben lässt. Die gesellschaftlichen und ethischen Standards können nicht helfen, sie spiegeln bestenfalls die Symptome der Not eines Menschen. Keine Vorschrift nach dem Rezept des „du sollst" und „du musst jetzt" und „du darfst nicht" kann einem Menschen in seiner Not wirklich helfen. Bei einem Unfall im Straßenverkehr kann es ja auch nicht die erste Aufgabe eines Rettungsdienstes sein, an die verletzten Verkehrsregeln zu erinnern; eher werden für die Zeit des Rettungseinsatzes diese Verkehrsregeln durch Umleitung außer Kraft gesetzt, damit alle Aufmerksamkeit und Hilfe sich auf die Verletzten konzentrieren kann.

Zur Technik der vorurteilsfreien und bedingungslosen Bejahung eines Patienten gehört die Erwartung, dass im Menschen etwas liegt, dass nur er in seiner Person und Individualität zu sagen vermag. Letztendlich geht es um den Glauben an die Möglichkeit, dass verschüttete Liebe und Lebendigkeit im Leben eines Menschen (wieder-)zuentdecken und freizuarbeiten wären. Darum ist das vorurteilsfreie und bedingungslose „Ja zum Menschen" nicht so sehr Bestandteil einer Technik, sondern vielmehr die Grundlage dafür. Der praktische Imperativ von Immanuel Kant, wonach ein Mensch stets ein Zweck an sich ist und niemals als Mittel zum Zweck für die Interessen anderer missbraucht werden darf, bleibt der unhinterfragbare Ausgangspunkt und gemeinsame Nenner. In diese Autonomie des Menschen wird zumindest in der Psychotherapie alle Zuversicht gesetzt. Die Leitfrage therapeutischer Arbeit lautet daher nicht: „Was habe ich falsch gemacht? Was muss ich tun?

Was erwarten die Anderen von mir?" Die Frage kann einzig und allein nur lauten: „Was geht in mir vor?"

Biblischer Befund

Im 2. Kapitel des Markus-Evangeliums, einer Stelle, die sich mit großer Wahrscheinlichkeit so abgespielt haben könnte, wird berichtet, dass man einen Gelähmten zu Jesus bringt. Weil aber alle ihn sehen wollen und er selbst umstellt ist von der Menge, lässt man ihn durch das Dach zu Jesus herab. Das Vertrauen, das der Gelähmte in den Wanderprediger setzt, lässt seine Freunde einen anderen, außerordentlichen, so noch nie beschrittenen Weg übers Dach nehmen: „Weil sie ihn wegen der Leute nicht zu ihm hinbringen konnten, deckten sie da, wo er war, das Dach ab und gruben ein Loch hindurch. So senkten sie die Bahre, darauf der Gelähmte lag, hinunter. Als Jesus ihren Glauben sieht, sagt er zu dem Gelähmten: Kind, jetzt sind deine Sünden nachgelassen. Einige der Schriftgelehrten aber saßen dort und dachten in ihren Herzen: Was! So redet der! Er lästert! Wer kann Sünden nachlassen außer einem: Gott?" (Mk 2, 4-7).[163]

Bevor wir uns mit dem zentralen Geschehen dieser Geschichte befassen, lohnt ein kurzer Blick auf ihren Anfang und ihr Ende, weil darin gut sichtbar wird, unter welchen Voraussetzungen eine therapeutische Begegnung stehen muss bzw. mit welchen unerwarteten Begleiterscheinungen sie immer wieder auch zu rechnen haben wird: Ohne die freiwillige, aus der Not eines Menschen artikulierte Bitte um Hilfe und die Bereitschaft sich helfen zu lassen, ist ein therapeutischer und wohl auch seelsorglicher Beistand schwer bis gar nicht möglich. Der Erfindungsreichtum des Gelähmten und seiner Freunde, die ihn durchs Dach zu Jesus hinunterlassen, belegt nicht nur die große Not, sondern auch das Vertrauen dieses Kranken. Ohne ein solches Vertrauen ist Hilfe und Heilung nur schwer denkbar. Erwin Ringel hat im Hinblick auf telefonische Anrufe seiner Patienten immer wieder zu bedenken gegeben, wieviele ängstliche Zögerlichkeiten einem solchen Telefonat wohl vorausgegangen sein mochten. Darum war er vor allem auch am Telefon darauf bedacht gewesen, der Bitte eines Menschen gerecht zu werden.

Therapeutische Begegnungen, heilsame Erfahrungen sind Ausnahmesituationen. Betroffene, vor allem nach unerwarteten Heilungserfolgen, können nicht damit rechnen, dass in ihrer Umgebung verstanden wird, was um sie herum und in ihrem Inneren vor sich geht. Eine eigenartige Mischung aus Skepsis und Neid macht sich in ihrer Umgebung breit.

Das Bemerkenswerte an dieser bei Markus erzählten Geschichte ist, dass der Heilung in der Praxis Jesu unbedingte, d. h. bedingungslose Vergebung vorausgeht. Er fragt in keinem Punkt danach, worin denn die Schuld seines Patienten besteht. Er will überhaupt nicht wissen, wessen er sich anklagt. Er ahnt aber, dass die Gelähmtheit dieses Kranken mit schweren Schuldgefühlen in Zusammenhang stehen könnte und die Ursache dafür ist, dass ihm seine Glieder nicht mehr gehorchen. Alles das, was wir heute über psychosomatische Leiden wissen, mag in diesem Zusammenhang relevant sein. Der Gelähmte wird den Mut zur Eigenständigkeit und Selbstständigkeit nur unter dem ihm zugesprochenen Vertrauen gewinnen können. Egal, was war und gleichgültig, was geschehen wird, die ihm auf den Kopf zugesagte Vergebung wird ihn begleiten, ermutigen und aufrichten. Das scheint das zentrale Anliegen des Jesus von Nazareth zu sein, und darum darf die Religion, die sich auf ihn beruft, in erster Linie eine therapeutische genannt werden.

Der Wanderprediger erlebt die Menschen, die in ihrer Not von weit her kommen, als so hilfsbedürftig und des Erbarmens wert, dass er sie nicht zusätzlich mit dem rabbinischen Gesetzeskatalog konfrontieren will, sondern den ganzen Berg von über 600 Gesetzen und geschätzten 2000 daraus abgeleiteten Anwendungen in der Goldenen Regel komprimiert, die wie von selbst in unbedingte Achtung und gegenseitige Anerkennung führt: „Alles nun, was ihr wollt, dass die Menschen euch tun, das tut ihnen ebenso. Denn: Das ist das Gesetz und die Propheten" (Mt 7,12).[164] Und die andere Seite dieser Regel, sozusagen ihre Rückseite, findet sich im Lukas-Evangelium: „Richtet nicht, dann werdet ihr nicht gerichtet. Und verurteilt nicht, dann werdet ihr nicht verurteilt. Lasst frei, dann werdet ihr freigelassen. Gebt, dann wird euch gegeben werden: Ein gutes, gestopftes, gerütteltes überquellendes Maß wird man euch in den Schoß geben. Denn: Mit welchem Maß ihr messt, wird euch zurückgemessen" (vgl. Lk 6, 37-38).[165]

Wenn es denn ein Gesetz brauchen sollte, das das menschliche Leben zu regeln vermag, dann müsse es sich reduzieren lassen auf das Wesentliche, und es dürfe nicht explodieren und expandieren, so das jesuanische Grundanliegen. Allgemeine Gesetze, Vorschriften und Regeln sind ungeeignet, individuelle Not zu erfassen, geschweige denn sie zu lindern.

Die Motivation, mit Menschen in dieser Weise umzugehen, leitet Jesus ab von dem, den er in geradezu kindlicher Weise „Abba",[166] seinen Vater, nennt. In der Folge behandelt er die, die ihn suchen, als „Kinder" dieses Vaters, als seine Geschwister. Nicht Autorität im Gefälle der Macht, sondern kindliches Vertrauen und voraussetzungslose Bejahung ist die Grundmelodie jesuanischer Begegnung und kommender Heilung.

Wer in Psychotherapie und Seelsorge schon einmal versucht hat, in bedingungsloser Akzeptanz gegen das Verbrechen das Verstehen, gegen die Gewalt die Güte und gegen den Hass die Liebe zu setzen, wird vielleicht erfahren haben, dass er/sie in diesem Moment unter Umständen gründlicher an das Gute im Menschen zu glauben vermochte als die in ihrer Not gefangenen Patienten oder Gläubigen dazu selbst in der Lage waren. Die gemeinsame Aufgabe von Psychotherapie und Seelsorge läge darin, auf die Menschen zuzugehen, soweit wie irgend möglich die Grenzziehungen aufzuheben, die im Namen der Religion, im Namen der Gesellschaft, im Namen der Moral zwischen Guten und Bösen, zwischen sittlich Einwandfreien und sogenannten „Sündern" gezogen werden. Es ist für Jesus sehr wichtig, Zugang zu finden zu den Menschen unabhängig von den Fragen immer neuer Ausgrenzungen und Einteilungen von Vorurteil und Absperrung.

Das Matthäus-Evangelium legt Jesus das Wort in den Mund: „Ihr plagt euch mit den Geboten, die die Gesetzeslehrer euch auferlegt haben. Kommt doch zu mir; ich will euch die Last abnehmen!" (Mt 11, 28).

In einem bisher unveröffentlichen Gedicht von Wilhelm Bruners[167] heißt es:

Fürchte dich nicht,
wenn sie kommen, hoch zu Ross,
und dich belehren von oben herab
über deinen Kopf hinweg.
Sie fragen nicht,
ob deine Augen rot von Tränen
oder von Sommerbeeren blau dein Mund.
Sie nehmen dir nicht die Last von der Schulter,
sie laden dir neue auf;
gleichgültig reiten sie dahin,
– Zwerge geliehener Macht.
Wenn du sie hörst,
erschrick nicht!
Laß sie vorüberziehen wie Wolken,
die der Westwind gegen die Berge treibt.

Du! Gib der Rose frisches Wasser,
die dich ansieht von unten
wie eine offene Wunde.

Es war der große Theologe Karl Rahner, der in seinen Schriften darauf hingewiesen hat, dass dem Menschen von heute wenigstens einmal der Anfang des Weges gezeigt werden müsse, der ihn glaubwürdig und konkret in die Erfahrung von Freiheit und Befreiung führt. Wo der Mensch in diesem Sinn die Erfahrung Gottes und seines aus der tiefsten Lebensangst und der Schuld befreienden Geistes „anfanghaft" machen kann, brauchen Seelsorger ihm die sittlichen Normen des Christentums nicht zu verkünden, weil sie sich, soweit sie zum Leben führen, von selbst daraus ergeben werden. Und in diesem Zusammenhang bezeichnet Rahner Glaubenssätze und Regeln als Lichtsäulen am Lebensweg der Menschen, aber nur Betrunkene, meint er, müssten sich daran festklammern.

Die kirchliche Praxis

Die katholische Kirche ist in ihrer Grundstruktur bemüht, für jede Problemlage und Frage der menschlichen Existenz eine Antwort und Lösung bereits mit höchstem Anspruch und letzter Gewissheit zu kennen. Dadurch steht schon vor der Anhörung der konkreten Geschichte einer betroffenen Frau fest, dass die in Not und Verzweiflung vollzogene Abtreibung ihres Kindes in jedem Fall „Mord" ist, Homosexualität, wiewohl in den eigenen Reihen zuhauf vorhanden, als Abart der Natur verurteilt wird, die Heirat eines Priesters in jedem Fall ausgeschlossen ist und eine als „Hölle auf Erden" erlebte Ehe nicht geschieden werden darf.

Oskar Pfister beschreibt 1940 in seinem Buch *Das Christentum und die Angst*, wie die Botschaft Jesu dadurch auf den Kopf gestellt wird, dass an die Stelle des unmittelbar zu lebenden Vertrauens in allem, was der Mann aus Nazareth sagte und tat, ein System der Angstverbreitung geschaffen wird, das eine Schlüssellochmoral und ein Zeigefingerchristentum nach sich zieht. So entsteht die Angst vor der Sünde, die Angst vor dem Leben und schließlich die Angst vor der Angst. Die Auseinandersetzung mit der Angst ist die Nagelprobe der Lebendigkeit. Die in der Liturgie der Osternacht besungene „felix culpa", die „glückliche Schuld", die Schulderfahrung, die uns zwar die Schamröte ins Gesicht treibt, aber nicht die Würde nimmt, die Schuld, die uns Beine macht, aus deren Erfahrung wir lernen, diese Schuld scheint ein Stiefkind christlicher Verkündigung geworden zu sein. Dabei wäre es so befreiend zu erkennen, nicht Gott sein zu müssen, sondern Mensch sein zu dürfen. Identität haben heißt, sagt Alexander Mitscherlich, zu den vielen Irrtümern stehen zu können, die wir im Lauf unseres Lebens begangen haben, aus denen wir gelernt haben, durch die wir reif geworden sind ...

In der Gestalt des Jesu von Nazareth besitzt das Christentum einen Anwalt der zärtlichen Zuwendung. Johannes Thiele schreibt: „Wir haben in Jesus einen liebenden Menschen vor uns, eine Inkarnation der Erotik Gottes und damit letztlich einen Archetyp des Liebhabers, auch wenn uns die asketische hellenistische Auslegungstradition dies lange unterschlagen hat."[168] Das alles liest eine dogmen- und prinzipienstrukturierte Kirche natürlich anders als ein nach Begegnung und Berührung hungriger Mensch.

Nicht das Christentum, dessen wesentlichste Wurzel die hebräische Bibel ist, war ursprünglich asketisch, leibfeindlich und eros-skeptisch, sondern der heruntergekommene und niedergehende Hellenismus brachte asketische Tendenzen in das Christentum und erstickte so die blühende Liebeskultur der Antike. Der Gott Eros hatte ursprünglich eine andere Funktion als die eines Feindbildes der reinen christlichen Lehre. In der Antike galt der Sohn der Liebesgöttin Aphrodite noch als Leitfigur der Tugend und der Menschlichkeit.

Eros und Agape wurden in der Kirche auseinanderdividiert. Aber weder bedeutet der Eros nur sinnliche Liebe mit sexueller Energie, noch die im Neuen Testament propagierte Agape nur dienende, sich schenkende, opfernde Liebe. Die Aufspaltung des Begriffs „Liebe" in Eros und Agape, Philia bzw. Libido und Caritas führte zu einer unerträglichen Reduktion der Bedeutungsvielfalt. Sie ist Teil der Tradition, die den Glauben vom alltäglichen Leben, die Religion von der Politik, die Privatheit von der Öffentlichkeit rigoros zu trennen und alles in einer „verrechtlichen Sprache" zu benennen versucht. In der Folge unterscheidet man streng zwischen einer sakralen und einer profanen Welt, zwischen heilig-religiösen und sündig-weltlichen Bezirken, zwischen Himmel und Hölle. Und diesen Bereichen werden dann die spezifischen Lebensformen zugewiesen: Zölibat und bewusstes Alleinleben der religiösen Existenz, Ehe und Familie dem weltlichen Leben.

Liebe und Sexualität sollten aber nicht erst dann kirchlich akzeptabel werden, wenn sie in kirchenrechtlich geordneten Bahnen verlaufen. Eine so fixierte Sichtweise wäre ebenso zu überwinden wie überhaupt der Versuch, Religion und Erotik strikt voneinander zu trennen. Sie bilden keinen grundsätzlichen Unterschied, sondern sind das natürliche Spannungsgefüge des Lebens, das anders als in seiner ganzen Fülle nicht bestehen kann. Erotisch wäre eine Religion, die erzählen kann, die zu berühren vermag, die Feste zu feiern versteht, deren eigene Ausdrucksformen sinnlich, also mit allen Sinnen wahrzunehmen sind, die anrührt und besänftigt, die zu streicheln vermag und Tränen abwischt und etwas widerspiegelt vom Lachen der „Kinder Gottes".[16]

Die Wiederentdeckung
des Unbewussten

Im Zentralgebirge von Malaysia leben die Senoi, ein kleiner Stamm von Ureinwohnern. Im Mittelpunkt ihres Alltags steht „Traumarbeit". Der britische Anthropologe H. Noone hat erste Angaben über die Ureinwohner von Malakka für seine Dissertation verwendet; der erste Bericht über die Traumschule stammt aus dem Jahr 1969 und wurde von Kilton Steward in New York publiziert. Unterschiedlichen Berichten zufolge gibt es 15.000 bis 25.000 Senoi.[170]
Die Senoi pflegen ihre Traumkultur nach mündlichen Überlieferungen seit vielen Jahrhunderten. Träumen ist für sie genauso wichtig wie das reale Erleben der Wirklichkeit. Beginnend mit den ersten Worten beim Frühstück, dreht sich alles um Träume. Die Familienmitglieder erzählen einander ihre Traumerlebnisse und geben kleinen Kindern erste Anleitungen, die Bedeutung eines Traumes zu verstehen und so das im Traum Erlebte zu entschlüsseln und positiv „umzuträumen". Der Traum verliert dadurch seine Bedrohung und wird in ein aktives und bewusstes Handeln im Alltag umgesetzt. Die „Entschlüsselung" des Traumes erfolgt dabei unter der Leitung eines „Therapeuten" und oberstes Ziel der Traumarbeit ist es, „Herr und Frau des eigenen Traumreiches" zu werden, d. h. Kontrolle und Zusammenarbeit mit allen Kräften und Gestalten des Traumes erreichen zu können und damit Herr und Frau im eigenen Haus der Seele zu sein.
Die Traumkultur bei den Senoi wird nicht in niedergeschriebener Lehre, sondern in der intimsten Beziehung der Eltern zu ihren Kindern übermittelt. Es handelt sich nicht um eine Methode, sondern um eine Grundeinstellung der Senoi zu sich selbst. Was wir von diesen „ursprünglichen" Menschen lernen können, ist die Wirkung einer intensiven Beschäftigung mit Träumen auf die emotionale Reife eines Menschen.
Mit der Veröffentlichung von Sigmund Freuds *Die Traumdeu-*

tung im Jahr 1899 ist die Geburtsstunde der modernen Psychologie markiert. Freud konnte dadurch wiederentdecken, was unserer Kultur von wenigen Ausnahmen abgesehen abhanden gekommen war.

In seinem Versuch auf die uralte Aufforderung „Erkenne dich selbst!"[171] eine Antwort zu finden, richtet Freud seinen Blick auf das Innere des Menschen. Träume sind ihm dabei die Königsstraße zur Kenntnis des Unbewussten im Seelenleben.[172] Träume sind „Briefe aus dem Unbewussten", sagt er, weil sie uns Botschaften übermitteln, die für uns in besonderen Entwicklungsphasen oder Krisensituationen – aber nicht nur dort – außerordentlich wichtig und im besten Sinn des Wortes „lebensnot-wendend" sein können. Darüber hinaus können Träume Ausdruck unserer inneren Befindlichkeit sein, ein Seismograph seelischer Zustände. Und das ist umso leichter zu verstehen, je mehr man versucht, sie instinktiv zu begreifen und spielerisch damit umzugehen. Das allerdings bedeutet für rational denkende Meister der Zivilisation ein ziemlich radikales Umdenken, während das Kind eine noch unverdorbene Beziehung zu den Prinzipien der Traumwelt hat.

Im Traum wie im Tagtraum und in der Fantasie sind wir eins mit dem Unbewussten. Indem wir lernen, unsere Träume anzunehmen, die Erinnerung an sie zu bewahren und sie zu verstehen, finden wir zu einer zeitlosen Ordnung zurück und bewegen uns ein Stück Weges dorthin zurück, wo wir begonnen haben, uns zu verirren, und wo ursprüngliche Menschen wie die Senoi sicheren Halt haben. Indem wir sozusagen wieder ursprünglicher werden, verzichten wir wohl auf die Präpotenz eines höher entwickelten Wesens, legen aber den Grundstein zu einer Herzensbildung und zu einer Kultur, welche in Einklang steht mit der Schöpfung. Traumbilder sind so verstanden Lebensbilder, und eine Traumschule ist Lebensschule und orientiert sich nicht an einer Ideologie oder Theorie, sondern an Grundwahrheiten, die sich in allen Mythen nachweisen lassen

Biblischer Befund

Eine besondere Traum-Quelle ist die Bibel. Biblische Traumtexte stehen in einer Reihe mit jenen Märchen und Mythen, welche C. G. Jung die „kollektiven Träume" der Völker nennt. Schon im Buch Genesis wird der Schöpfungsakt mit Schlaf und Traum in Beziehung gesetzt. „Da ließ Gott, der Herr, einen tiefen Schlaf auf den Menschen fallen, so dass er einschlief, nahm eine seiner Rippen und verschloss ihre Stelle mit Fleisch. Gott, der Herr, baute aus der Rippe, die er vom Menschen genommen hatte, eine Frau und führte sie dem Menschen zu. Und der Mensch sprach: Das endlich ist Bein von meinem Bein und Fleisch von meinem Fleisch. Frau soll sie heißen, denn vom Mann ist sie genommen" (Gen 2,21-23).

Nur wenige Seiten weiter deutet Josef die Träume des Pharao und wird dafür reich belohnt. Wörtlich heißt es dort: „Dann sagte der Pharao zu Josef: Nachdem dich Gott all das hat wissen lassen, gibt es niemand, der so klug und weise wäre wie du. Du sollst über meinem Hause stehen, und deinem Wort soll sich mein ganzes Volk beugen. Nur um den Thron will ich höher sein als du" (Gen 41, 39-40).

In dieser Behandlung liegt eine ähnliche Einstellung wie bei den Senoi, wo es nur einen einzigen Ehrentitel gibt, den eines „Tohat", eines heilenden Erziehers.[173] Bei den Ureinwohnern auf Malakka wird nur der ein Tohat, der sich durch besondere Kunst in der Traumarbeit hervortut. Der Pharao setzt Josef über ganz Ägypten, weil er das begreift, was wir die Sprache des Unbewussten nennen, den Traum. Im archaischen Text der Bibel wird der, der Gottes Wort versteht, archaisch-magisch als Mann Gottes gewürdigt und „Prophet" genannt.

In der Bibel ist der Traum an vielen Stellen mit dem Wort Gottes gleichgesetzt, ja er ist die bevorzugte Weise, wie Gott sich mitteilt.

Im Zweiten Testament ist vor allem das 1. und 2. Kapitel bei Matthäus eine Fundgrube für Träume: Nach dem Stammbaum Jesu folgt bereits der erste Traum als entscheidendes Ereignis:

Josef beschließt sich in aller Stille von Maria zu trennen, weil er „gerecht war und sie nicht bloßstellen wollte" (Mt 2, 19), wie die Bibel sagt, und dann: „Während er noch darüber nachdachte, erschien ihm ein Engel des Herrn im Traum und sagte: Josef, Sohn Davids, fürchte dich nicht, Maria als deine Frau zu dir zu nehmen; denn das Kind, das sie erwartet, ist vom Heiligen Geist ... und man wird ihm den Namen Immanuel geben, das heißt übersetzt: Gott ist mit uns! Als Josef erwachte, tat er, was der Engel des Herrn ihm befohlen hatte, und nahm seine Frau zu sich" (Mt 1,20-24).

In der Bibel ist der Traum das effizienteste Medium, das dem Menschen die Gegenwart Gottes anzeigt. An markanten Wegkreuzungen ist er ausschlaggebend für die zu treffenden Entscheidungen. Auch die Bibel sieht also im Traum gewissermaßen die „Königsstraße" zum Unbewussten/Göttlichen. Ein Engel des Herrn erscheint den Sterndeutern im Traum und gebietet ihnen, nicht zu Herodes zurückzukehren: Darum zogen sie „auf einem anderen Weg heim in ihr Land" (Mt 2,12). „Als die Sterndeuter wieder gegangen waren, erschien dem Josef ein Engel des Herrn im Traum und sagte: ‚Steh' auf, nimm das Kind und seine Mutter, und flieh' nach Ägypten; dort bleibe, bis ich dir etwas anderes auftrage'" (Mt 2, 13).

„Mensch, lerne tanzen, damit die Engel im Himmel an dir ihre Freude haben!"
Gero Schwanberg, 2003,
Wachsmodell eines Engels in der Schaukel, H 21 cm

„Ich bin gekommen, dass sie Leben haben – ja es haben überreich."
Gottfried Mayrwöger, 1983, Lanson, Öl auf Leinwand, 141 x 148 cm

„Liebe macht erfinderisch."
Grabstein auf dem Alten Friedhof in Roermond, Holland, 1888 –
Foto: Waltraud Ogris

4. SOKRATES UND JESUS

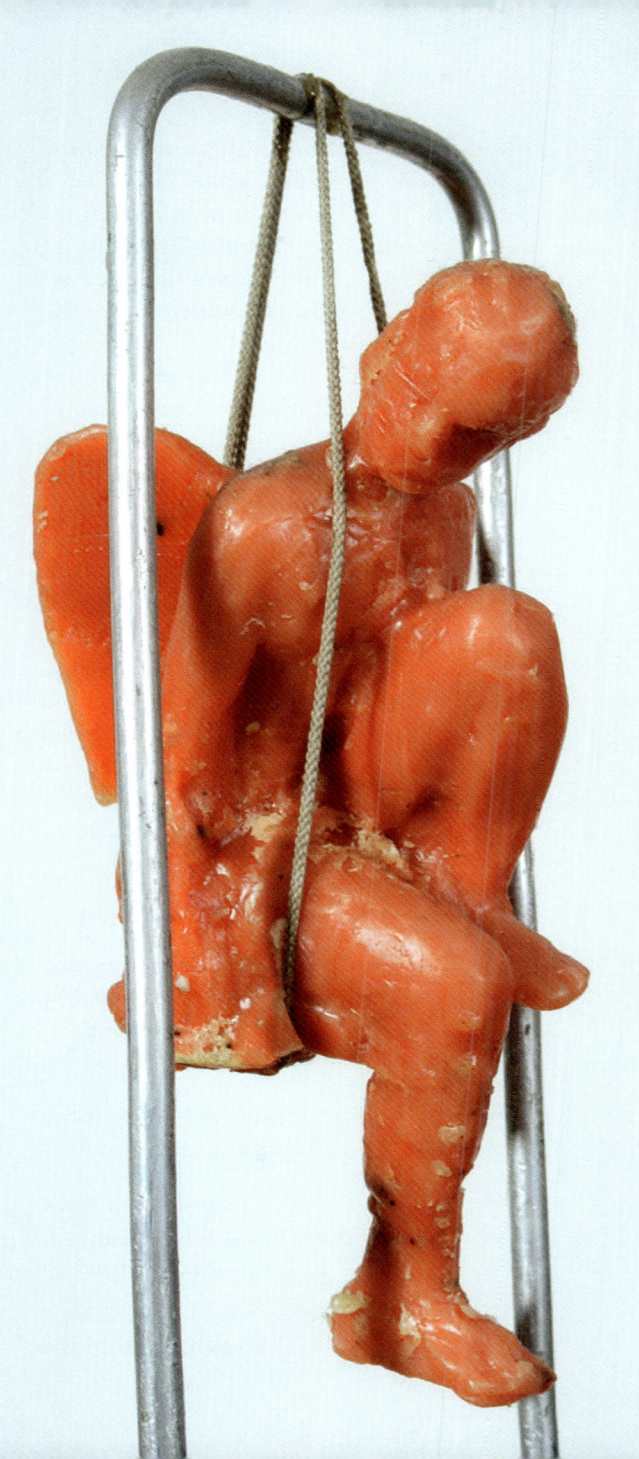

Das Neue Testament, die Bibel überhaupt, ist voll von Träumen und somit von Botschaften aus dem Unbewussten. Weit über hundert Mal erzählt die Bibel von Träumen. Ab dem zweiten Jahrhundert nach Christus verschwindet im Christentum aber das Traumbewusstsein. Und in der Folge ist auch keine Theologie entwickelt worden, die unerschrocken und beherzt das Unbewusste integrieren wollte. Vielleicht aus der verständlichen Angst, sonst mit den Triebstürmen des menschlichen Seelenlebens in Berührung zu kommen; aber gerade das wäre wichtig und lebensnotwendend. Und genau das könnten Träume uns lehren.

Die kirchliche Praxis

Wenn die Dynamik des Unbewussten nicht bedacht wird, muss es zu chronischen Missdeutungen des Lebens kommen. Es ist nicht möglich, die Handlungsmotive eines Menschen wirklich zu verstehen, wenn man sich in der Betrachtung seines bisher verlaufenen Lebens einzig auf die Ebene des Bewussten konzentriert.

Erwin Ringel kommt in seiner feurigen *Rede über Österreich* auch auf dieses Thema zu sprechen und beklagt, wie sehr zwischen Humanismus und Katholizismus Mauern errichtet werden, statt eine Verbindung zwischen beiden herzustellen. Human und christlich sein könnte ja bedeuten, Verständnis für die Nöte des Menschen zu haben und alles für seine gesunde glückliche Entwicklung im natürlichen Bereich zu tun. Wo aber Menschliches, auch Allzumenschliches, mit Akribie eliminiert oder verurteilt werde, die Menschwerdung also nicht stattfinden dürfe, drohe aus lebendiger Substanz totes, theoretisches System zu werden. Und dann dürfe man sich nicht wundern, dass das Göttliche aus dem Bewusstsein verschwinde, dafür im Unbewussten eine unendliche Sehnsucht nach Religion bestehe, die aber von einer menschenfernen, ja oft menschenfeindlichen formalistischen Auslegung der christlichen Lehre nicht erfüllt werden könne.[174]

Erich Fromm schrieb schon vor 60 Jahren, dass die gesamte Religion überall in der Geschichte der Menschheit vor der Wahl steht, weiter autoritär zu bleiben, oder zu lernen, humanitär zu werden.

Wer sich selbst kennen lernen möchte, wer die Welt zumindest in Ansätzen „verstehen" möchte, muss bereit sein, „das Ganze" in den Blick zu nehmen. So gesehen ist und bleibt das Katholische das Therapeutische, das unerschrockene Interesse am ganzen Menschen in all seinen Dimensionen.

Versuch einer Zusammenfassung

Mit dem vorliegenden Buch habe ich das Gemeinsame von Psychotherapie und Seelsorge vorzustellen versucht. Mein Anliegen war es, die spirituelle Dimension des Menschen auf der einen Seite vor dem Vergessen zu bewahren und sie auf der anderen Seite vor einer totalen Vereinnahmung zu schützen.

Seit der Antike gehören Couch und Altar zusammen. Bei noch gründlicherer Betrachtung als das in diesem Buch möglich war, könnten Psychotherapie und Seelsorge als die beiden ungleichen Geschwister noch besser erkennen, wie stark die gemeinsamen Wurzeln sind, aus denen sie täglich schöpfen.

Religion, Glaube und Spiritualität sind Grundbedürfnisse jedes Menschen und gehören zu seinem innersten Wesenskern. Diesen Kern nicht zu beachten, zu verleugnen oder ihn gar zu institutionellen Zwecken zu missbrauchen kann Heilungsprozesse negativ beeinflussen und den weiteren Verlauf eines Lebens schwer schädigen. Ein angstfreies und fruchtbares Miteinander hingegen führt hinein in offene Weite. In der bedingungslosen Offenheit dem Einzelnen gegenüber liegt für Psychotherapie und Seelsorge die Möglichkeit, einem Menschen in seiner Not und Sehnsucht nahe zu sein. Erst diese Nähe in offener Weite macht ihren Dienst glaubwürdig und heilsam.

Warum, wäre zu fragen, ist das, was hier an Grundhaltung dem Patienten oder Gläubigen gegenüber gefordert und immer wieder praktiziert wird, nicht auch im gegenseitigen Umgang miteinander möglich? Es bräuchte „nur" die Verständigung darüber, dass die gemeinsame Wahrheit – was immer darüber hinaus den beiden Bereichen getrennt voneinander „heilig" sein mag – darin besteht, dass das, was ist, ist. Beide könnten so die uneigennützige Aufgabe bewältigen, nicht nur im Blick auf die ihnen anvertrauten Menschen, sondern auch sich gegenseitig Raum zu schaffen, damit der Andere sein kann, wer er ist. Ohne diese bedingungslose Akzeptanz kann Therapie nicht gelingen und Religion nicht ins Leben führen.

Asklepios, Sokrates und Jesus verbindet mehr als sie trennt. Allein die bemerkenswerte Art ihres Sterbens zeigt Parallelen. Das Heiligtum in Epidauros, der Marktplatz in Athen und die Gegenden um Nazareth werden durch sie zu Rastplätzen für die Seele und zu Asylstätten des menschlichen Leides.

Was wir von Asklepios wissen, macht ihn für die Antike zum „unvergleichlichen Arzt", der als gott-menschliches Wesen mit Wort, Arznei und Messer sogar Tote wieder zum Leben erweckt. Der ethische Grundsatz „Zuerst heile durch das Wort, dann durch die Arznei und zuletzt mit dem Messer" bleibt sein Vermächtnis.

Sokrates verdanken wir den heilsamen Einsatz des Wortes als Medikament. Gespräche mit seinen Schülern entwickeln sich zur „Hebammenkunst" auf der Grundlage der Überzeugung, dass die Wahrheit dem Menschen nicht „hineingesagt", sondern „hebammengleich" oder gar einem Bildhauer vergleichbar aus ihm heraus „freigearbeitet" werden muss. Zur Weisheit des Sokrates gehört aber die religiöse Praxis bzw. sie setzt diese voraus. Seine letzten Worte belegen das in eindringlicher Weise: „O Kriton, wir sind dem Asklepios einen Hahn schuldig, entrichtet ihm den und versäumt es ja nicht."

In der Gestalt des Jesu von Nazareth besitzt das Christentum einen Meister der zärtlich-heilenden Zuwendung. Umarmungen und Küsse, sinnliche Gesten, Fußwaschungen, das Handauflegen, das man ja auch Streicheln nennen könnte, die gemeinsamen Mahlzeiten und Feiern, sein Zugehen auf Ausgestoßene und „Sünder", das alles sind im Handeln Jesu Zeichen für eine Kultur der Zärtlichkeit.

In der Gestalt des Jesu von Nazareth besitzt das Christentum einen Meister der zärtlich-heilenden Zuwendung. Umarmungen und Küsse, sinnliche Gesten, Fußwaschungen, das Handauflegen, das man ja auch Streicheln nennen könnte, die gemeinsamen Mahlzeiten und Feiern, sein Zugehen auf Ausgestoßene und „Sünder", das alles sind im Handeln Jesu Zeichen für eine Kultur der Zärtlichkeit.

Trotz des vielfach vorhandenen Widerstands auf beiden Seiten lässt sich das Interesse der Seelsorge an der Psychotherapie und das Interesse der Pioniere der Tiefenpsychologie an der Seelsorge bis zurück in die Anfänge der Psychoanalyse nachweisen. Wenn das auch die Ausnahmen gewesen sein mögen, so belegen sie doch die Sinnhaftigkeit einer getrennt voneinander vollzogenen, aber umeinander wissenden beruflichen Praxis.

So bleibt zum Schluss ein Wunsch für das Miteinander des ungleichen Geschwisterpaares von Psychotherapie und Seelsorge: Wie hoch und trennend die Mauern auch sein mögen zwischen den beiden, unüberwindbar sind sie nicht. Die Liebe zum Menschen, die sie treibt und verbindet, kann auf beiden Seiten Wunder wirken: In der Nähe von Aachen auf dem alten Friedhof im holländischen Roermond steht ein bemerkenswerter Grabstein. Im Jahre 1888 wurde dort ein Ehepaar bestattet. Weil aber die Frau nicht katholisch war, durfte sie nicht an der Seite ihres Mannes im selben Grab beigesetzt werden. Die Familie kaufte deshalb zwei Grabplätze an der Friedhofsmauer, den einen innerhalb, den anderen außerhalb des Friedhofs. Die beiden Grabsteine wurden so hoch gestaltet, dass über die trennende Mauer hinweg zwei Hände verbinden, was religiöse Vorschriften und Regeln zu trennen versuchten.

Der Volksmund sagt: „Liebe macht blind." Der Grabstein in Roermond sagt: „Liebe macht erfinderisch", sie ist stärker als der Tod und offensichtlich mächtiger als gesellschaftliche Normen und Traditionen.

Ein Nachwort von Erwin Ringel

Von der Zeit. Predigt in der Jahresschlussandacht 1992 in der Pfarrkirche Klein St. Paul in Kärnten[175]

Erwin Ringel fragte mich im Dezember 1992, ob wir uns zu Silvester in Kärnten sehen könnten, da er mit seiner Frau Angela in Klagenfurt den Jahreswechsel begehen wollte. Ich lud ihn daraufhin ein, bei der Jahresschlussandacht in der Pfarrkirche Klein St. Paul die Predigt zu halten. Ringelkritiker hatten mich davor gewarnt, weil sie seine ungeschminkte und offene Art schwer vertragen konnten und es für sie nicht vorstellbar war, ja geradezu eine Zumutung bedeutete, ihn auch noch als Prediger während eines Gottesdienstes zu erleben. Zumutungen im besten Sinne des Wortes als Herausforderung zum Dialog über wichtige Themen hatte ich immer wieder in meiner Seelsorgearbeit zu veranstalten versucht, freilich nicht immer mit Erfolg. Was aber Ringels Predigt anlangte, so waren schlussendlich dann doch viele gekommen, weit mehr als der Kirchenraum aufnehmen konnte. Ringels Gedanken hatten in vielen Einzelgesprächen lange nachgewirkt. Als ich im Jahr 2001 meine Aufgabe als Seelsorger zurücklegte, hatten mir die Bürgermeister der Norischen Region zum Abschied einen Würdigungspreis zuerkannt, in dem sie ihrem Seelsorger dafür dankten, „dass er als Pfarrer und Psychotherapeut weit über seine Aufgaben hinaus intensive Kontakte zu Künstlern sowie Wissenschaftlern geschaffen und mit diesen das sakrale und kulturelle Leben Klein St. Pauls viele Jahre hindurch bereichert hat". Ich kann nicht in Worte fassen, wie sehr ich mich damals über diese Begründung gefreut habe ...

Liebe Freunde!
Das Thema des heutigen Abends ergibt sich fast von selbst: denn wann waren wir mehr an die Zeit gemahnt, als in einem Augenblick, wo ein Jahr in das andere übergeht? „Die Zeit, die ist ein gar sonderbar Ding. Im Anfang ist sie rein gar

4. SOKRATES UND JESUS

nichts, doch am Ende spürt man nichts als sie" (Hugo von Hofmannsthal).

In diesem Satz liegt eine merkwürdige Feststellung. Manchmal vergeht die Zeit so rasch, als wäre sie nicht vorhanden, dann wieder wird sie uns intensiv bewusst, weil sie stillzustehen scheint und auf uns lastet. Wilhelm Busch hat gedichtet: „So ist es mit der Zeit allhie: erst trägt sie dich, dann trägst du sie und wann's zu Ende geht, weißt du nie!" Daraus sollten wir einen doppelten Schluss ziehen. Wir sollten sowohl das Rasen wie das Stillstehen der Zeit gegensteuern. Das bedeutet zuerst einmal: Wenn die Zeit stille zu stehen scheint, dann sollten wir sie in Bewegung setzen. Ich möchte erklären, wie ich das meine. Wenn uns Schicksalsschläge treffen, schwere Krisen in unserem Leben entstehen, was niemandem erspart bleibt, dann wird der Moment fast zur Ewigkeit, dann scheint die Zeit nicht weiterzugehen, wir sehen nur unseren Kummer, erkennen keinen Ausweg und daher wird der Augenblick zur Unendlichkeit. In dieser Situation, glaube ich, sollten wir eine Bewegung in die Zeit hineinbringen; wir sollten sagen: „Mit der Zeit kann alles anders werden! Es kommt ein neuer Tag, dieser neue Tag wird uns vielleicht lehren, aus der Krise herauszufinden, und wir werden dann sogar etwas für unser künftiges Leben gewonnen haben." Die Dinge können sich ja „mit der Zeit" ändern oder ich kann sie anders sehen als im ersten Schrecken. „Was immer Böses widerfuhr, die Zeit geht hin und tilgt die Spur!", hat der Dichter gesagt. Aber es ist zu wenig, nur die Zeit vergehen zu lassen. Wir müssen vielmehr aus dem bloßen passiven Erleiden erwachen und versuchen, durch aktives Gestalten unsere Lage zu verbessern, nur dann stimmt der Schiller'sche Satz: „Des Menschen Engel ist die Zeit!"

Ich weiß aus den kritischsten Situationen meines Lebens, dass dann die Besserung begann, als mir der erste Gedanke kam, was ich machen könnte, um mit dem erlittenen Schlag besser fertig zu werden. Sofort fühlte ich mich ermutigt und es gelang mir jedes Mal, Auswege zu entdecken, die mir bis dahin verborgen waren.

Und nun zum Umgekehrten: Wenn der Augenblick in Seligkeit verfliegt, sodass wir ihn kaum bemerken, dann glaube ich, sollten wir uns bemühen, ihn festzuhalten. Ist es nicht erschütternd, dass wir oft später, Jahre, ja oft Jahrzehnte danach sagen: „Wie schön war das damals! Wie glücklich bin ich damals gewesen, aber damals habe ich es eigentlich gar nicht begriffen, damals habe ich es gar nicht erlebt, ‚pfeilschnell war der Augenblick verflogen' (Schiller) und so bin ich eigentlich an dem Glück vorbeigerast." Mit anderen Worten: Wir sollten in Zukunft bewusster leben, den Augenblick auskosten, das Glück festhalten, als ein Licht, das in unser weiteres Leben hineinleuchtet. Wir alle, liebe Freunde, erleben solche Lichter und leben aber oft an ihnen vorbei und nützen sie nicht. Und das ist ein Versäumnis, das ich zutiefst bedaure für alle, die es erleiden. An diesem Punkt angekommen, möchte ich die Frage stellen: Was machen wir mit unserer Zeit? Ich bringe zuerst einen schrecklichen Begriff: „Zeit verschwenden". Das dürfen wir nicht! Denn, wir sollten uns stets bewusst sein, wie kostbar Zeit ist, denn niemand weiß, wie viel Zeit ihm geschenkt wird. Eines Menschen Zeit ist aber auf alle Fälle relativ begrenzt. Und es scheint mir daher sehr wichtig, dass wir unsere Zeiteinteilung so gestalten, dass wir Zeit nicht vergeuden, sondern sie benützen, Sinnvolles zu gestalten, was uns und andere im Leben weiterbringt.

Ich setze gegen diesen wahnsinnigen Begriff eine scheinbar ganz simple Wendung: „Zeit nehmen!" Nehmen wir uns Zeit im Trubel der Welt für uns selbst. Nehmen wir uns Zeit, und das sage ich Ihnen gerade als Psychotherapeut, nehmen wir uns Zeit für unsere Kinder! Vor kurzem hat der Bischof von Graz, Johannes Weber, gesagt: „Die Zeit ist das kostbarste Nahrungsmittel, das wir unseren Kindern zuteil werden lassen können, mindestens so wichtig wie Brot und Milch!"

Ich sehe heute viele junge Menschen, die an nichts so sehr leiden, wie daran, dass die Eltern dem Gelderwerb nachjagen und, wenn sie heimkommen, weder Zeit noch Kraft noch Lust haben, sich ihren Kindern ganz zu widmen. So wachsen, wie es Manès Sperber gesagt hat, „Waisenkinder mit Vater und Mutter" heran. Das heißt: Sie haben Vater und Mutter, aber sie sind ihrer seelischen Entwicklung durch die fehlende Zeit der Eltern eigentlich verwaist. Daher bitte ich sie: Nützen Sie die Zeit! Was Sie den anderen geben, geben Sie auch sich selbst.

Das Wort „Ich liebe dich!" ist leicht auszusprechen, und viele Menschen verwenden es zu oft und es wird dann inflationär, wertlos. Der wahre Beweis der Liebe ist die Zeit, die ich einem Menschen widme. Wenn mir jemand sagt: „Ich gehe gerne nach Hause nach der Arbeit", so weiß ich, dass dies das sicherste Kennzeichen ist für ein glückliches Ehe- oder Familienleben. Die Zeit, die wir einem Menschen schenken, kann mit einer Abstimmung für oder gegen jemanden verglichen werden.

Die uns zur Verfügung stehende Zeit ist begrenzt, wie wir wissen, und doch scheint sie uns, je älter wir werden, erweitert. Das folgende Gedicht von Franz Werfel spricht diesen sonderbaren Umstand an:

> Der Säugling schläft die Nächte durch und Tage,
> ihm ist die Zeit wie Wiesengras nichts wert,
> des Knaben Schlaf hält kürzer schon die Waage
> dem wachen Sein, das ewig wiederkehrt,
> der Mann, voll Wichtigtuns im Reich der Plage
> mit Ungeduld acht Stunden Schlaf verzehrt,
> der Greis zuletzt nach flücht'ger Ruhelage
> erhebt sich sanft und sonderbar entschwert.
> des Lebens kurzer Absturz wird unmerklich so gelindert,
> Gott mehrt die Zeit, je mehr die Zeit sich mindert.

Was machen wir mit der Zeit, die wir auf diese Weise gewinnen? Und bei dieser Gelegenheit komme ich zu dem, was wahrscheinlich unser wichtigster Zeitgewinn ist: wenn wir nämlich Gott in unser Leben hineinnehmen. Der erste Gedanke in diesem Zusammenhang ist natürlich die Erweiterung unserer Zeit für das ewige Leben, das Besiegen des Todes durch die Transzendenz. Wir gewinnen aber auch in unserer irdischen Existenz dadurch eine neue Dimension.

Nach meiner Überzeugung ist unsere Religion nicht nur eine Botschaft für das Jenseits, sondern sie ist eine ganz große Botschaft auch für das Diesseits! Wenn wir uns an die Gedanken und Gebote halten würden, die uns Christus vermittelt hat, dann, glaube ich, wäre es um die Welt von der Wiege bis zur Bahre um vieles besser bestellt!

Schiller hat gedichtet: „Was Du dem Augenblicke ausgeschlagen, das gibt Dir keine Ewigkeit zurück!" Religiös gesprochen kann man manchmal sagen: „Nur wenn Du mitunter dem Augenblick etwas verwehrst, kannst Du die Ewigkeit gewinnen!" Aber ich bin der Überzeugung, dass auch gerade unsere Religion uns lehrt, das Diesseits positiv zu erleben, nicht nur als Stätte des Jammers, nicht nur als eine Stätte der Askese, der Entbehrung, des sich selbst Beschuldigens und Anklagens, sondern auch als eine Möglichkeit, ein frohes, freudiges und erfülltes Leben zu führen. Das zu bedenken, möchte ich Sie gerade am Beginn eines neuen Jahres herzlich bitten. Und da möchte ich einen Gedanken von Herbert Pietschmann an den Schluss stellen, der gesagt hat: „Die Selbstverwirklichung Gottes auf Erden ist die gelebte Nächstenliebe". Und was wir tun und was einem anderen Menschen gut tut, was wir tun, um einander nahezukommen, miteinander zu sprechen, miteinander zu lieben, zu lernen, das ist sicher vom Guten und das führt uns letztlich dorthin, wo wir alle hinkommen wollen. So schließt mein Bekenntnis in dieser Stunde nicht so sehr mit einem Ruf in das Jenseits, sondern mit einem Bekenntnis zum Diesseits. Es ist nicht wahr, dass man nur ins Himmelreich kommt, wenn man auf alle Freuden des Diesseits verzichtet.

Oh, wie schön ist Deine Welt,
Vater, wenn sie golden strahlet!
Wenn dein Glanz herniederfällt
und den Staub mit Schimmer malet,
wenn das Rot, das in der Wolke blinkt,
in mein stilles Fenster sinkt.
Könnt ich klagen, könnt ich zagen?
Irre sein an dir und mir?
Nein, ich will im Busen tragen
deinen Himmel schon allhier.
Und dies Herz, eh' es zusammenbricht,
trinkt noch Glut und schlürft noch Licht.

(Karl Gottlieb Lappe, 1773–1843)

Dass sie möglichst viel Glut trinken und sich damit dem Lichte nähern, von dem die Italiener sagen: „Das Alter ist die Transparenz des Lichtes", das möchte ich Ihnen zu diesem Jahresende von ganzem Herzen wünschen!

Literaturverzeichnis

Adamietz, J. (Hg.). (1993). *Juvenal. Satiren.* Lateinisch/Deutsch (Sammlung Tusculum). München/Zürich: Artemis & Winkler.

Adler, A. (1982). *Psychotherapie und Erziehung. Ausgewählte Aufsätze. Band 2: 1930–1932.* Frankfurt am Main: S. Fischer.

Adler, A. (1990). *Der Sinn des Lebens.* Frankfurt am Main: Fischer Taschenbuch Verlag.

Adler, A. (1990). *Wozu leben wir?* Frankfurt am Main: Fischer Taschenbuch Verlag.

Anouilh, J. (1967). *Meisterdramen.* München/Wien: Langen–Müller.

Ansbacher, H. L. und R. R. Ansbacher (Hg.). (4. Auflage 1995). *Alfred Adlers Individualpsychologie. Eine systematische Darstellung seiner Lehre in Auszügen aus seinen Schriften.* München/Basel: Reinhardt.

Augustinus, A. (3. Auflage 1966). *Confessiones. Bekenntnisse.* Lateinisch/Deutsch. (J. Bernhart, Übers.) München: Kösel.

Augustinus, A. (2006). *De vera religione. Über die wahre Religion.* Lateinisch/Deutsch. Stuttgart: Reclam.

Bachmann, I. (1982). *Das dreißigste Jahr. Erzählungen.* München: Piper.

Bachmann, I. (1984). *Werke. Band IV. Essays. Reden. Vermischte Schriften. Anhang.* München: Piper.

Bamm, P. (1967). *Werke II.* Zürich: Droemer.

Bauer, J. (2005). *Warum ich fühle, was du fühlst. Intuitive Kommunikation und das Geheimnis der Spiegelneurone.* Hamburg: Hoffmann und Campe.

Bauer, J. (2006). *Prinzip Menschlichkeit. Warum wir von Natur aus kooperieren.* Hamburg: Hoffmann und Campe.

Boehlich, W. (Hg.). (1989). *Sigmund Freuds Jugendbriefe an Eduard Silberstein.* Frankfurt am Main: S. Fischer.

Bruners, W. (1999). *Verabschiede die Nacht.* Düsseldorf: Klens.

Brunner R. (Hg.) (2002). *Die Suche nach dem Sinn des Lebens. Transpersonale Aspekte der Individualpsychologie* (Beiträge zur Individualpsychologie; 27). München/Basel: Reinhardt.

Buber, M. (1965). *Das dialogische Prinzip. Zwiesprache.* Heidelberg: Lambert Schneider.

Buber, M. (1985). *Bücher der Kündung.* Heidelberg: Lambert Schneider.

ANHANG

Buber, M. (1986). *Die Schriftwerke*. Heidelberg: Lambert Schneider.

Buber, M. (1987). *Die fünf Bücher der Weisung*. Heidelberg: Lambert Schneider.

Bucay, J. (2006). *Geschichten zum Nachdenken*. Zürich: Ammann.

Domhoff, G. W. (1990). *Mystique of Dreams: A Search of Utopia Through Senoi Dream Theory*. Chicago: University of Chicago Press.

Drewermann, E. (1989). *Kleriker. Psychogramm eines Ideals*. Olten/Freiburg im Breisgau: Walter.

Drewermann, E. (1991). *Tiefenpsychologie und Exegese. Band I. Traum, Mythos, Märchen, Sage und Legende*. Olten/Freiburg im Breisgau: Walter.

Du Bois-Reymond, E. (Hg.) (1918). *Jugendbriefe von Emil Du Bois-Reymond an Eduard Hallmann*. Berlin: Reimer.

Ellenberger, H. F. (1985). *Die Entdeckung des Unbewussten. Geschichte und Entwicklung der dynamischen Psychiatrie. Von den Anfängen bis zu Janet, Freud, Adler und Jung*. Zürich: Diogenes.

Ende, M. (1973). *Momo oder die seltsame Geschichte von den Zeitdieben und von dem Kind, das den Menschen die gestohlene Zeit zueückbrachte. Ein Märchenroman*. Stuttgart/Wien: K. Thiennemanns.

Fian, A. (2004). Weiterverwandlung, ein Instrument des Machterhalts. In John D. Pattillo-Hess (Hg.). *Die Verwandlung. 16 Canetti-Symposion*. Wien: Löcker.

Fischedick, H. (2. Auflage 1987). *Von einem, der auszog, das Leben zu lernen. Glaube und Selbstwerdung*. München: Kösel.

Frankl, V. (1946). *Trotzdem Ja zum Leben sagen*. Wien: Deuticke.

Frankl, V. (1994). *Der unbewusste Gott. Psychotherapie una Religion*. München: dtv.

Freud, E. L. und H. Meng. (2. Auflage 1980). *Sigmund Freud – Oskar Pfister. Briefe 1909–1939*. Frankfurt am Main: S. Fischer.

Freud, S. (1924–1934). Die Zukunft einer Illusion. In S. Freud, *Gesammelte Schriften in zwölf Bänden*. Internationaler Psychoanalytischer Verlag.

Freud, S. (1974). Die Zukunft einer Illusion. In S. Freud, *Studienausgabe*. Bd. 9. Frankfurt am Main: S. Fischer.

Freud, S. (1975). *Psychische Behandlung (Seelenbehandlung)*. In S. Freud, *Studienausgabe*. Ergänzungsband. Frankfurt am Main: S. Fischer.

Fromm, E. (1980). *Haben oder Sein. Die seelischen Grundlagen einer neuen Gesellschaft*. Stuttgart: Deutsche Verlagsanstalt.

Gamwell, Lynn u. a. (Hg.). (2000). *Die innere Muse. Die Psyche im Jahrhundert der Wissenschaft.* In L. Gamwell, *Träume 1900–2000.* München/London/New York: Prestel, S. 19-60.

Goethe, J. W. (1808). *Faust – Teil I.* Tübingen: Cotta.

Guardini, R. (3. Auflage 1985). *Der Gegensatz. Versuche zu einer Philosophie des Lebendig-Konkreten.* Mainz: Grünewald.

Guardini, R. (1950). *Vom Sinn der Gemeinschaft.* Zürich: Arche.

Hassler, S. (Hg.). (2002). *Peter Turrini. Ein paar Schritte zurück. Gedichte.* Frankfurt am Main: Suhrkamp.

Havel, V. (2000). *Versuch, in der Wahrheit zu leben.* Reinbek: Rowohlt.

Hegel, E. (1966). *Geschichte der katholisch-theologischen Fakultät Münster 1773–1964. Erster Teil.* Münster: Aschendorff.

Jahn, E. und A. Adler. (1933). *Religion und Individualpsychologie. Eine prinzipielle Auseinandersetzung über Menschenführung.* Wien/Leipzig: Passer.

Krause, W. (1963). *Homers Ilias.* Wien: Österreichischer Bundesverlag.

Küng, H. (1978). *Existiert Gott? Antwort auf die Gottesfrage der Neuzeit.* München/Zürich: Piper.

Kunze, R. (1981). *auf eigene hoffnung. gedichte.* Frankfurt am Main: S. Fischer.

Lavant, C. (1972). *Die Bettlerschale. Gedichte.* Salzburg: Otto Müller.

Loyola, I. v. (1965). *Die Exerzitien.* (H. U. Balthasar, Übers.) Einsiedeln: Johannes Verlag.

Meder, H. (1982). *Träume bewusst machen.* Wien: Herder.

Menuhin, Y. (1986). *Kunst als Hoffnung für die Menschheit. Reden und Schriften.* München: Piper.

Michels, V. (Hg.). (1986). *Das Lied des Lebens. Die schönsten Gedichte von Hermann Hesse.* Frankfurt am Main: Suhrkamp Verlag.

Müller, W. (1998). *Gönne Dich Dir selbst. Von der Kunst sich gut zu sein.* Münsterschwarzach: Vier-Türme-Verlag.

Müller-Pozzi, H. (1995). *Psychoanalytisches Denken.* Bern/Göttingen/Toronto: Hans Huber.

Nunberg, H. und E. Federn (Hg.). (1976). *Protokolle der Wiener Psychoanalytischen Vereinigung. Band 1 1906-1908.* Frankfurt am Main: S. Fischer.

Nunberg, H. und E. Federn (Hg.). (1977). *Protokolle der Wiener Psychoanalytischen Vereinigung. Band 2 1908–1910.* Frankfurt am Main: S. Fischer.

Obermayer, K. (2004). *Zurück zur reinen Quelle. Zen-Einsichten und Kalligraphien.* Berlin: Theseus.

Paracelsus Akademie Villach (Hg.). (1998). *Heilen ist menschlich. Seele, High Tech und Moral.* Klagenfurt/Wien: edition selene.

Pfister, O. (1909). Psychoanalytische Seelsorge und experimentelle Moralpädagogik. *Protestantische Monatshefte. Neue Folge der Protestantischen Kirchenzeitung,* 13. Jahrgang, S. 6–42.

Putz R. und Pabst R. (Hg.). (1993). *Sobotta. Atlas der Anatomie des Menschen. Band 1. Kopf, Hals, obere Extremität.* München/Wien/Baltimore: Urban & Schwarzenberg.

Rilke, R. M. (1995). *Die Gedichte.* Frankfurt am Main: Insel.

Ringel, E. (1949). Religion und Individualpsychologie. *Internationale Zeitschrift für Individualpsychologie,* Heft 4, 18. Jahrgang.

Ringel, E. und Wenzel van Lun. (1953). *Die Tiefenpsychologie hilft dem Seelsorger.* Wien: Seelsorgerverlag im Verlag Herder.

Ringel, E. (1961). Über die Begegnung von Medizin und Religion. *75 Jahre Verlag und Buchhandlung Herder Wien 1886-1961.* Wien: Herder.

Ringel, E. (1966). Religiöse Probleme in der Psychotherapie vom Individualpsychologischen Standpunkt. In Wilhelm Bitter (Hg.). *Psychotherapie und religiöse Erfahrung. Ein Tagungsbericht.* Stuttgart: Klett.

Ringel, E. (1974). Tiefenpsychologie und Glaube. Ein überwundener Gegensatz. In J. Hüttenbügel, *Gott Mensch Universum.* Graz/Wien/Köln: Styria.

Ringel, E. und G. Brandl. (1977). *Ein Österreicher namens Alfred Adler.* Wien: Österreichischer Bundesverlag.

Ringel, E. und A. Kirchmayr. (1986). *Religionsverlust durch religiöse Erziehung. Tiefenpsychologische Ursachen und Folgerungen.* Wien/Freiburg/Basel: Herder.

Ringel, E. (1991). *Die österreichische Seele. 10 Reden über Medizin, Politik, Kunst und Religion.* Wien/Zürich: Europaverlag.

Ringel, E. (2000). *Die Kärntner Seele.* Klagenfurt/Ljubljana/Wien: Hermagoras.

Schaffgotsch, X. (Hg.) (1979). *Leo Tolstoi. Anna Karenina.* Wien: Omnibus.

Schellenbaum, P. (1989). *Gottesbilder. Religion, Psychoanalyse, Tiefenpsychologie.* München: dtv.

Schmidbauer, W. (1986). *Die Angst vor Nähe.* Reinbek: Rowohlt.

Schmidbauer, W. (1996). *Hilflose Helfer. Über die seelische Problematik der helfenden Berufe.* Reinbek: Rowohlt.

Schwarz, G. (2005). *Konfliktmanagement. Konflikte erkennen, analysieren, lösen.* Wiesbaden: Gabler.

Seyringer, Michaela-Elena u. a. (4/2007). Die „Gretchenfrage" für die Psychiatrie. Der Stellenwert von Religion und Spiritualität in der Behandlung psychisch Kranker. *Neuropsychiatrie,* 21 (4), S. 239–247.

Sölle, D. (1983). *Die Hinreise. Zur religiösen Erfahrung. Texte und Überlegungen.* Stuttgart: Kreuz.

Sperber, M. (1926). *Alfred Adler, der Mensch und seine Lehre.* München: Bergmann.

Sperber, M. (1970). *Alfred Adler oder das Elend der Psychologie.* Wien/München/Zürich: Molden.

Stier, F. (1989). *Das Neue Testament.* München/Düsseldorf: Kösel und Patmos.

Störig, H. J. (1970). *Kleine Weltgeschichte der Philosophie.* Stuttgart/Berlin/Köln/Mainz: Kohlhammer.

Thiele, J. (2000). *Verflucht sinnlich. Die erogenen Zonen der Religion.* München: List.

Weiß, O. (2007). *Rechtskatholizismus in der Ersten Republik. Zur Ideenwelt der österreichischen Kulturkatholiken 1918–1934.* Frankfurt am Main u. a.: Peter Lang.

Witte, K. H. (Hg.). (2008). *Alfred Adler Studienausgabe. Band 6.* Göttingen: Vandenhoeck & Ruprecht

Anmerkungen

[1] So übersetzt Friedolin Stier (1989, S. 225) das Wort „Ich bin gekommen, damit sie das Leben haben und es in Fülle haben (Joh 10,10)".

[2] 2 Kor 1,24 in der Übersetzung von Stier, 1989, S. 387.

[3] Ich verdanke diese Geschichte Antonio Fian, der im Rahmen des 16. Canetti-Symposions 2004 die Legende zum Ausgangspunkt seines Beitrages *Weiterverwandlung, ein Instrument des Machterhalts* gewählt hatte (2004, S. 24–32).

[4] Fian verweist hier auf Elias Canettis Werk *Masse und Macht* in dem Kapitel „Katholizismus und Masse": „Die Prozession bietet immer ein Abbild der kirchlichen Hierarchie", schreibt Canetti. „Sie fasst die Gläubigen zusammen, indem sie an ihnen vorüberstreift, ganz allmählich und ohne sie selbst zu einer größeren Bewegung zu rei-

zen, es sei denn zum anbetenden Niederknien oder zum Anschlie-
ßen in der gehörigen Reihenfolge, ganz am Ende des Zuges, ohne
den Gedanken, ohne den Wunsch, innerhalb dieser Reihe je aufzu-
steigen" (Fian, 2004, S. 24).

[5] In Homers Ilias IV, 71–89 (Krause, 1963) wird von Asklepios nur
in der Gestalt des „unvergleichlichen Arztes" gesprochen so wie
von seinem Sohn Machaon, der den durch einen Pfeil verwundeten
Menelaos heilt.

[6] Freud, Studienausgabe. Ergänzungsband, 1975, S. 25–26.

[7] Decimus Junius Juvenalis, römischer Schriftsteller, seine genauen
Lebensdaten sind nicht bekannt, geboren um 60–58 v. Chr.,
gestorben zwischen 130 und 138 n. Chr. Von Juvenal sind 16 Satiren (saturae) zu verschiedenen Themen überliefert, die einen Ein-
blick in das Alltagsleben der Römer zur Zeit Domitians bieten. Die
Echtheit einiger dieser Werke wurde zeitweise bezweifelt, gelten
aber heute wieder als gesichert.

[8] Die Laufschuhmarke „asics" erklärt ihren Namen aus den Anfangs-
buchstaben des Satzes „anima sana in corpore sano – eine gesunde
Seele in einem gesunden Körper".

[9] Iuvenal, Sat. X 356, in: Joachim Adamietz (Hg.), 1993, S. 228–229.

[10] Vgl. Joachim Bauers Buch *Prinzip Menschlichkeit, warum wir von
Natur aus kooperieren* (2006).

[11] In der Übersetzung von Martin Buber, 1987, S. 44.

[12] Seyringer u. a., 2007.

[13] Vgl. Seyringer u. a., 2007, S. 240. Im Gegensatz zur Spiritualität
beschreibt der Terminus ‚Religion' eher die Zugehörigkeit zu einer
organisierten Glaubensgemeinschaft oder religiösen Institution.
Der Begriff Spiritualität wird hier als eine erweiterte „Definition"
zum Begriff der Religiosität gesehen.

[14] Seyringer u. a., 2007, S. 239.

[15] Vgl. Weiß, 2007.

[16] Adler A., Wozu leben wir?, 1990, S. 198–199.

[17] Psychoanalytikerin, Ärztin, Schriftstellerin und eine Ikone der
Emanzipationsbewegung, geboren 1917. Mit ihrem Buch *Die
Unfähigkeit zu trauern* stieß Margarete Mitscherlich gemeinsam mit
ihrem Ehemann Alexander Mitscherlich im Jahr 1967 eine Diskus-
sion über Schuld und Mitschuld an den politischen Verbrechen der
Nazi-Zeit an. Das Ehepaar trat für eine kollektive Aufarbeitung der
Geschehnisse im Dritten Reich ein, damit sich derartiges nicht
wiederhole.

[18] Fischedick, 1987.

Anmerkungen

[19] Hassler und Siblewski (Hg.), 1999, S. 409.

[20] Titel eines Buches von Václav Havel, auf das mich Bischof Kapellari bei einem unserer vielen Gespräche hinwies.

[21] Vgl. Exodus 16, 1–3.

[22] Julian Taupe, 1991, Öl auf Leinwand, 70 x 50.

[23] Vgl. Schwarz, 2005, S. 69.

[24] In diesem Zusammenhang ist es sehr bedauerlich, dass die katholische Kirche bis zum heutigen Tag die UNO-Menschenrechtsdeklaration nicht unterzeichnet hat.

[25] Mit ähnlichen Worten hatte Benedikt XVI., damals noch als Josef Ratzinger und neuernannter Erzbischof von München, bei der Feier seines 25-jährigen Priesterjubiläums sein seelsorgliches Wirken umschrieben.

[26] Goethe, 1808, Vers 3415.

[27] Stier, 1989, S. 491.

[28] Unter „heilig" verstehen wir hier alle Schriften, die Menschen kostbar sind, weil sie in ihnen verdichtete Erfahrungen aufbewahrt wissen, u. a. die Bibel als großartige Sammlung von Träumen, Mythen, Märchen, Sagen und Legenden.

[29] Vgl. Drewermann, Tiefenpsychologie und Exegese. Band 1. Traum, Mythos, Märchen, Sage und Legende, 1991, S. 13–14.

[30] Jahn und Adler, 1933, S. 62–63 bzw. Witte (Hg.), 2008, S. 200.

[31] In der Übersetzung von Martin Buber, 1986, S. 339.

[32] Buber, Das dialogische Prinzip. Zwiesprache, 1965, S. 158–159.

[33] Vgl. Sölle, 1983, S. 45.

[34] Romano Guardini (1885–1968), Theologe und Philosoph, einer der bedeutendsten Vertreter der katholischen Weltanschauung des 20. Jahrhunderts.

[35] Guardini, 1985, S. 92.

[36] Guardini, 1950, S. 31–32.

[37] Guardini, 1950, S. 33–34.

[38] Sölle, 1983, S. 45.

[39] Sölle, 1983, S. 39.

[40] Obermayer, 2004, S. 35.

[41] Obermayer, 2004, S. 36.

[42] Gedichte und Texte von Theresia Oblasser liegen leider noch nicht in Buchform vor. Ich danke ihr für die Erlaubnis, diesen Text hier verwenden zu dürfen.

[43] Werner Hofmeister (geb. 1951), lebt in Kärnten, Konzeptkünstler, bemerkenswerte Arbeiten auf öffentlichen Plätzen und in kirchlichen Räumen.

ANHANG

[44] Das Fresko in der Aufbahrungshalle Spittal an der Drau wurde von Prof. Moser im Jahre 1975 ausgeführt.

[45] Albert Paris Güterloh (eigentlich A. Conrad Kiehtreiber), geb. 5. 2 1887 in Wien, gest. 16. 5. 1973 in Baden bei Wien, Maler und Schriftsteller.

[46] Die sogenannte „Orantehaltung", ein ikonographischer Fachausdruck für urchristliche Gebetshaltung.

[47] Ringel, Die österreichische Seele. 10 Reden über Medizin, Politik, Kunst und Religion, 1991, S. 39.

[48] Kardinal Stefan Wyszynski (1901–1981), Primas von Polen.

[49] Ringel, 1991, S. 39–40.

[50] Du Bois-Reymond (Hg.), 1918, S. 108; diesen Hinweis verdanke ich meinem väterlichen Freund Adolf Holl.

[51] Boehlich (Hg.), 1989, S. 82.

[52] Freud, 1924–1934.

[53] Vgl. Ringel und van Lun, 1953, S. 28.

[54] Freud Studienausgabe, Bd. 9, 1974, S. 137–138.

[55] 1 Th 5,21 in der Übersetzung von Friedolin Stier (1989, S. 444).

[56] Ringel und van Lun, 1953, S. 28–29.

[57] Freud, Studienausgabe. Ergänzungsband, 1975, S. 23.

[58] Freud, Studienausgabe. Ergänzungsband, 1975, S 23–24.

[59] Eugen Drewermann hatte mit ähnlichen Worten beim 1. Weltkongress für Psychotherapie 1996 in Wien Freuds wissenschaftliche Beweggründe, sich mit der Religion zu beschäftigen, skizziert. (Freud Studienausgabe, Bd. 9, 1974, S. 158 und 182–183).

[60] Freud Studienausgabe, Bd. 9, 1974, S. 182.

[61] Freud Studienausgabe, Bd. 9, 1974, S. 182.

[62] Schellenbaum, 2004, S. 35.

[63] Zu Vita und unserer Fragestellung siehe E. L. Freud und Meng, 2. Auflage 1980, sowie Witte (Hg.), 2008, S. 231.

[64] Vgl. E. L. Freud und Meng, 2. Auflage 1980, S. 6–7.

[65] E. L. Freud und Meng, 2. Auflage 1980, S. 7.

[66] Vgl. E. L. Freud und Meng, 2. Auflage 1980, S. 6–7.

[67] Pfister, 1909, S. 6–42.

[68] Pfister, 1909, S. 6.

[69] Pfister, 1909, S. 7–8.

[70] Pfister, 1909, S. 32.

[71] Pfister, 1909, S. 32.

[72] Pfister, 1909, S. 39.

[73] Hegel, 1966, S. 382.

[74] E. L. Freud und Meng, 2. Auflage 1980, S. 9 und 13.

[75] Brief vom 18. Jänner 1909, siehe E. L. Freud und Meng, 2. Auflage 1980, S. 11.

[76] E. L. Freud und Meng, 2. Auflage 1980, S. 12–13.

[77] Vgl. E. L. Freud und Meng, 2. Auflage 1980, S. 14.

[78] E. L. Freud und Meng, 2. Auflage 1980, S. 15.

[79] Vgl. Witte (Hg.), 2008, S. 181.

[80] Witte (Hg.), 2008, S. 181: „Das sind Denklinien bei Adler, wie sie Nietzsche und vor diesem Schiller gebahnt haben."

[81] Vgl. Ellenberger, 1985, S. 768–780.

[82] Sperber, 1970, S. 49.

[83] Sperber, 1970, S. 49.

[84] Ringel und Brandl, 1977, S. 104.

[85] Ernst Paul Ferdinand Jahn (1893–1969), Theologe und Psychologe. 1918 Feldgeistlicher. Ab 1926 Pfarrer in der Lukas-Gemeinde Berlin-Steglitz und dort bis 1964 tätig. Zur Vita siehe Witte (Hg.), 2008, S. 228.

[86] Ellenberger, 1985, S. 800.

[87] Vgl. Ellenberger, 1985, S. 842–843.

[88] Jahn und Adler, 1933, S. 92.

[89] Jahn und Adler, 1933, S. 65 bzw. Witte (Hg.), 2008, S. 202.

[90] H. L. Ansbacher und R. R. Ansbacher (Hg.) (4. Auflage 1995), S. 274.

[91] Jahn und Adler, 1933, S. 66 bzw. Witte (Hg.), 2008, S. 203.

[92] Jahn und Adler, 1933, S. 65.

[93] Jahn und Adler, 1933, S. 94–95.

[94] Jahn und Adler, 1933, S. 68.

[95] Jahn und Adler, 1933, S. 96.

[96] Jahn und Adler, 1933, S. 97.

[97] Jahn und Adler, 1933, S. 59 bzw. (Hg.), 2008, S. 197–198.

[98] Jahn und Adler, 1933, S. 61.

[99] Jahn und Adler, 1933, S. 61.

[100] Vgl. dazu das Vorwort von Metzger in: Adler A., Der Sinn des Lebens, 1990, S. 19.

[101] Brunner (Hg.), 2002.

[102] Ringel, 1949.

[103] Ringel und van Lun, 1953.

[104] Ringel und van Lun, 1953, S. 4.

[105] Dr. Albert Niedermeyer (1915–1968) war zu dieser Zeit Professor der Pastoral-Medizin an der Universität Wien.

[106] Ringel und van Lun, 1953, S. 5–6.

[107] Ringel und van Lun, 1953, S. 6.

[108] Ringel und van Lun, 1953, S. 7.

[109] Ringel und van Lun, 1953, S. 7.

[110] Ringel, 1974, S. 243.

[111] Vgl. Ringel, 1974, S. 244.

[112] Ringel, 1974, S. 245.

[113] Ringel hat dieser Thematik zusammen mit Alfred Kirchmayr viel Beachtung geschenkt, siehe Ringel und Kichmayr, 1986. Das Buch ist „allen, die an der Kirche leiden", gewidmet.

[114] Vgl. Ringel, 1991, S. 334–345.

[115] Vgl. Ringel, 1966, S. 87–96.

[116] Frankl hatte persönlichen Kontakt zu Sigmund Freud und Alfred Adler. Im Gegensatz zu ihnen stellte Frankl die Sinnfrage ins Zentrum seiner Arbeiten zur Suizidprävention. Seine Dissertation trägt den Titel *Der unbewusste Gott*. Seine Eindrücke und Erfahrungen in den Konzentrationslagern verabeitete er in dem Buch *Trotzdem Ja zum Leben sagen. Ein Psychologe erlebt das Konzentrationslager.*

[117] Vgl. Frankl, 1994, S. 67.

[118] Kunze, 1981, S. 70.

[119] Michels (Hg.), 1986, S. 146.

[120] Buber, 1965, S. 15.

[121] Bauer, 2006, S. 39.

[122] Vgl. Putz und Pabst (Hg.), 1993, S. 69–75.

[123] Bauer, 2006, S. 52. Eine gute, weil leicht verstehbare Zusammenfassung der bisherigen Forschungsergebnisse findet sich im Buch *Warum ich fühle, was du fühlst. Intuitive Kommunikation und das Geheimnis der Spiegelneurone.* Dort vor allem das 4. Kapitel: „Spiegelneurone und die Herkunft der Sprache" (Bauer, 2005, S. 75–84).

[124] Bauer, 2006, S. 35.

[125] Tobias Brocher (1917–1998) war deutscher Psychoanalytiker und Sozialpsychologe. Er erweiterte die Psychoanalyse um den sozialpsychologischen Aspekt, wandte sich als einer der ersten Analytiker der Gruppendynamik zu und war Mitbegründer der Zeitschrift *Gruppendynamik*. Die Quellenangabe zum hier zitierten Text ist leider verloren gegangen.

[126] Ende, 1973, S. 15–16.

[127] Lavant, 1972, S. 5.

[128] Lavant, 1972, S. 140.

[129] Loyola, 1965, S. 7.

[130] Bamm, 1967, S. 630.

[131] In der Übersetzung von Martin Buber, 1985, S. 300.

[132] Yehudi Menuhin, Vom Wert des Schweigens. Rede in der Saint James's Church, Piccadilly, London, vom 1. Mittwoch in der Fastenzeit 1977 in: Menuhin, 1986, S. 110–116.

[133] Gen 1,1–4 in der Übersetzung von Martin Buber, 1987, S. 9.

[134] In der Übersetzung von Friedolin Stier, 1989, S. 140.

[135] Gen 1,31 in der Übersetzung Bubers, 1987, S. 11.

[136] Matthias Varga von Kibed, geboren 1950 in Bremen, Logiker und Wissenschaftstheoretiker, gründete 1966 gemeinsam mit Insa Sparrer das SySt/Institut für systemische Ausbildung, Forbildung und Forschung in München. Schwerpunkt der Arbeit ist die Entwicklung der systemischen Strukturaufstellungen.

[137] „Psychische Behandlung (Seelenbehandlung)" in: Freud, Studienausgabe. Ergänzungsband, 1975, S. 26.

[138] Hassler Silke (Hg.), 2002, S. 11.

[139] Küng, 1978, S. 665.

[140] Thomas Chorherr, ehemals Chefredakteur und Herausgeber der Presse, machte in der Kolumne „Merk's Wien" in der Presse vom 18. März 2008 auf die verschiedenen Nuancen der Wahrheit aufmerksam.

[141] „Die Wahrheit ist dem Menschen zumutbar": Titel der Rede von Ingeborg Bachmann zur Verleihung des Hörspielpreises der Kriegsblinden, in: Bachmann, 1984, S. 275–277.

[142] Bachmann, 1984, S. 275.

[143] Vgl. Bachmann, 1984, S. 277.

[144] Das lateinische Wort „Pallium" liegt dem Fachausdruck „Palliativmedizin" zugrunde, mit dem die Sorge um sterbende Patienten umschrieben wird.

[145] Bucay, 2006, S. 8 ff.

[146] Bucay, 2006, S. 10.

[147] Bucay, 2006, S. 11.

[148] Bucay, 2006, S. 12.

[149] Anouilh, 1967, S. 202.

[150] „Diese Lebensform ist nicht nur äußerlich zu fassen, [...] ich habe bei einem englischen Autor eine Wendung gefunden, die klar zum Ausdruck bringt, was wir zu unserer Erklärung beitragen könnten: ‚mit den Augen des anderen zu sehen, mit den Ohren des anderen zu hören und mit dem Herzen des anderen zu fühlen'. Das scheint mir eine vorläufig zulässige Definition von dem zu sein, was wir Gemeinschaftsgefühl nennen …" in: Adler, 1982, S. 224.

[151] Vgl. Müller-Pozzi, 1995, S. 35.

[152] Müller-Pozzi, 1995, S. 36.

[153] „Der Schierlingsbecher" ist in der Antike eine Form der Hinrichtung durch Vergiftung, wobei einem Getränk der Saft des gefleckten Schierlings beigemischt wird.

[154] Störig, 1970, S. 99.

[155] Augustinus, 2006, S. 123.

[156] Otto Friedemann Kernberg, geboren 1928 in Wien, amerikanischer Psychoanalytiker, musste 1939 seine Heimat verlassen, um der Verfolgung durch die Nationalsozialisten zu entkommen.

[157] Vgl. Bauer, 2006, S. 21.

[158] Bruners, 1999, S. 16.

[159] Übersetzung von Friedolin, 1989, S. 98.

[160] Schaffgotsch (Hg.), 1979, S. 13.

[161] Freud Studienausgabe, Bd. 9, 1974, S. 88–93.

[162] Drewermann, 1989.

[163] Stier, 1989, S. 82.

[164] Stier, 1989, S. 20.

[165] Stier, 1989, S. 141–142.

[166] Mk 14,36.

[167] Wilhelm Bruners ist Schriftsteller und katholischer Priester, der Jahre seines Lebens in Jerusalem verbrachte und jetzt in Deutschland als Seelsorger tätig ist. Ich danke ihm für die Erlaubnis, diesen bisher unveröffentlichten Text, der mir seit Jahren vertraut ist, hier zitieren zu dürfen.

[168] Thiele, 2000, S. 44.

[169] Vgl. Thiele, 2000, S. 17–18.

[170] Siehe Meder, 1982, und Domhoff, 1990.

[171] Eine der drei apollonischen Weisheiten im Alten Griechenland, dem Heraklit zugeschrieben, zu lesen auf der Wand der Vorhalle des Apollontempels in Delphi. Die anderen zwei Weisheiten lauten: „Bürgschaft, schon ist Schaden da!" und „Von nichts allzu viel!"

[172] Vgl. Gamwell, Lynn u. a. (Hg.), 2000, S. 19–60.

[173] Meder, 1982, S. 44–56.

[174] Vgl. Ringel, 1991, S. 42–43.

[175] Erstmals veröffentlicht in der Neuauflage der *Kärntner Seele*, zu der ich das Vorwort schreiben durfte. Vgl. Ringel, 2000, S. 110–117.

Der Autor

Arnold Mettnitzer, geboren 1952 in Gmünd (Kärnten), Studium der Theologie in Wien und Rom (Dr. theol.), 1979–2001 Seelsorger in der Diözese Gurk-Klagenfurt.
Ab 1991 Lehranalyse bei Erwin Ringel und Ausbildung zum Psychotherapeuten in Wien. Seit 1996 Psychotherapeut in freier Praxis in Wien. 2003 Verzicht auf den Dienst im Rahmen der kirchlichen Seelsorge. Freier Mitarbeiter des ORF und Stellvertretender Vorsitzender des ORF-Publikumsrates. Zahlreiche Vorträge und Seminare zu Fragen der Lebensqualität und seelischen Gesundheit. (Foto: Claudia Prieler)

© 2008 by Styria Verlag
in der Verlagsgruppe Styria GmbH & Co KG
Wien–Graz–Klagenfurt
Alle Rechte vorbehalten
www.styriaverlag.at

Umschlaggestaltung: Bruno Wegscheider
Produktion und Gestaltung: Alfred Hoffmann
Reproduktion: Pixelstorm, Wien
Druck und Bindung: CPI Moravia Books, Pohorelice

ISBN 978-3-222-13243-8